팽이의 온도

# 바람이
# 언제나
# 그대 등 뒤에서
# 불기를

# 바람이 언제나 그대 등 뒤에서 불기를

1판 1쇄 발행 | 2022년 8월 15일

지 은 이 | 김영돈
펴 낸 이 | 이성범
펴 낸 곳 | 책미다지
교정 · 교열 | 박진영
표지 디자인 | 최은정
본문 디자인 | 권정숙

주소 | 서울특별시 영등포구 양평로30길 14, 911호(세종앤까뮤스퀘어)
전화 | (02)2277-9684~5 / 팩스 | (02)323-9686
전자우편 | taraepub@nate.com
출판등록 | 제2012-000232호

ISBN 978-89-8250-150-0 03810



· 값은 뒤표지에 있습니다.
· 파본은 구입한 서점에서 교환해 드립니다.
· 책미다지는 도서출판 타래의 임프린트 출판사입니다.

팽이의 온도

# 바람이 언제나 그대 등 뒤에서 불기를

도서출판 **책미다지**

PROLOGUE

나는 팽이, 편백나무의 영혼입니다. 돌아갈 때는 내가 보이지 않아요. 그런데 그게 나 같아요. 하늘에는 섞근별 소나기 듣고.

2016년 겨울부터 2021년 가을까지 팽이의 온도를 계절별로 추려봤다. 아침에 눈뜨면 팽이는 협곡 너머 오두막에 마음을 남겨두고 세상으로 진입한다. 하지만 마음은 항상 따라붙는다. 세상을 선회하다 보면 오두막에 있던 마음은 어느새 따라붙어 들썩거린다. 때로는 속삭이고 때로는 불끈 화를 내기도 하며 어떻게 살아야 하는지를 묻는다. 그때마다 노인은 마음을 향해 조용히 말한다. '너 자신을 둘러보라.'라고.

《바람이 언제나 그대 등 뒤에서 불기를》은 오두막 노인에게서 들려오는 전언을 모은 것이다. 마음이 불끈 움직일 때마다 고이는 것들을 적어놓고 겨우 하루를 버틸 때가 많았다. 글감들을 기록한 월력에 따라 계절별로 분류해보니 매년 계절의 모양새를 감상하는 재미가 있었다. 계절의 변화 과정은 사람이 변화하는 과정과 같았다. 방황, 돌아보기, 만남, 성찰, 지혜, 비워냄을 거듭하다가 어느 날 새털처럼 가벼운 포자가 되어 두둥실 어디론가 떠나는 게 인생 아닐까.

계절 구분은 겨울 방황(12, 1, 2월), 파종기 만나 돌아보기(3~4월), 봄 성찰(5월), 여름 지혜(6~8월), 가을 비워냄(9~11월)으로 했다. 병신년(2016) 겨울부터 시작된 팽이는 비틀거리며 세상을 선회하다가 정유년(2017), 무술년(2018), 기해년(2019), 경자년(2020), 신축년(2021)까지 5년의 세월이 지나면서 쉼표를 찍고 다시 임인년(2022)이다.

2016년 국정농단 사태가 있었고 불통의 시대에 소통하기 위해 그해 10월 10일《말주변이 없어도 대화 잘하는 법》을 출간했다. 그리고 광장으로 불처럼 몰려든 사람들이 나라다운 나라를 만들어 제대로 소통하자고 결의를 다졌다. 그러나 정보의 홍수와 물질의 풍요 속에 혁신과 변화는 아직 준비되지 않은 사람들에게는 피로감을, 있는 자들에게는 탐욕을, 가난한 사람에게는 교만을 키워주며 힘없는 정의는 폭력을 낳는다는 사실을 일깨워 주었다. 그동안 있는 자들의 욕망은 교묘하게 증폭되었다. 민주주의는 술 취한 주정뱅이처럼 흔들리고 있다. 정의와 공정은 간 곳 없고 불나방처럼 욕망의 끝을 따라가는 모습은 눈을 충혈시켰고 반성을 해야 할 자들은 다시 아무렇지 않은 듯 목울대를 세우고 있다. 국정농단으로 한 정권이 몰락한 이후 우리는 또다시 치매 노인처럼 불공정에 익숙해졌다. 촛불의 설렘을 무색하게 만드는 인간의 욕망의 그림자를 고스란히 바라보며 내린 나름의 숨통이 있다.

'내 할 바를 더 잘하는 것', '초점을 내게 두는 것', '간절히 기도하며 응원하는 것', '내가 흔들리지 않는 것', '설렘을 멈추지 않는 것'

2020~2021년은 코로나19 바이러스까지 겹쳐 삶의 방식을 송두리째 바꿔놨다. 5년 세월 동안 팽이의 온도는 160℃에 달했다. 사랑하는 식이가 죽었고 사랑하는 루리가 탄생했다. 사랑은 여전히 밥 먹여줬고 어떤 어미는 50세를 들불처럼 살고 있다. 세 권의 졸작이 탄생했고 처음 시작한 수영은 호흡이 길어졌다. 지역 테니스대회에서는 변함없이 C조에서 예선 탈락했으며 한 번 떠난 사람들은 여전히 돌아오지 않았다. 웃자란, 아니 고독한 어르신들의 욕설은 훨씬 거칠어졌고 젊은이들은 술이 점점 더 늘어갔다. 먹을 것은 산더미처럼 쌓여가고 죽기 살기로 살아온 50~60대는 가족에게 쫓겨나 산밑에서 술을 마시며 살아가고 있다.

삶이 흔들릴 때마다 노인은 '너를 잘 살펴라.'라는 말을 해줬다. 노인의 말을 전해준 것은 팽이였고 5년 여 기간동안 나를 지탱해준 것도 팽이였다. 그때마다 '팽이의 온도'는 1℃씩 올라갔다. 어느 순간부터 혼자 돌아가기 시작한 '팽이'의 비상을 기록으로 남긴다. 마음이 흔들릴 때마다 지친 몸을 이끌고 오두막에 돌아가자마자 쓰러져 잠들고 또 일어나 살아내기 위해 몸부림쳤다. 그렇게 '나'에게 집중할 수 있게 되었다. 팽이의 비상으로 세상 한가운데를 관통하며 살아가면 좋겠다. 5년 후에도 철 따라 세상을 산책하며 팽이의 온도가 온기를 더하길 바란다. 팽이의 사계는 겨울에서 시작해 가을에서 멈춘다. '다시 이 봄을 볼 수 있을까?'라는 기대는 오직 팽이에게 달렸다. 이 삶이 녹슬지 않기를, 이 설렘이 멈추지 않기를 바란다.

팽이의 온도 0℃

# 오두막

머리에 깃을 꽂고 양쪽 허리춤에 칼을 차고 걸어간다. 그의 얼굴은 또렷하지 않지만 눈빛과 걸음걸이만큼은 분명하다. 깡마른 몸에 비하면 걸음은 잽싸고 활력이 넘쳤다. 그를 만나고 싶다면 다시 잠을 청해야겠지만 잠은 이미 멀리 달아났다. 꿈속에서 걷던 초록의 능선은 끊기고 길은 문득 이불 속에서 나오지 못한 내 생시 앞에 멈춰 섰다. 꿈결과 같은 생시는 지금 눈부신 청보리밭을 굽어보고 있다. '좋아, 나를 묻어버리는 일은 두 번 다시 하지 않겠다!'라고 입술을 깨물고 다짐했다.

보리밭 가장자리를 따라 달맞이는 씨앗을 가득 머금은 주머니를 움켜쥐고 태양과 씨름하고 있다. 노인은 틀림없이 훌륭한 칼을 차고 있었다. 화려하지는 않지만 기품있어 보이는 칼주머니가 머릿속에 아른거린다. 칼집에 단단히 고정된 칼은 노인이 걸음을 옮길 때마다 허리춤에서 그를 받쳐줬다. 칼은 노인의 표정을 지켜주는 파수꾼과 같은 느낌을 줬다.

오늘 담장 옆 자목련 목이 달아났다. 눈을 떠보니 꽃잎이 담장과 뜨락에 널브러져 있었다. 자주색 꽃잎 위에 사람 발자국이 선명하다. 의뭉스럽게 움츠린 꽃잎을 뭉개며 발자국은 산 쪽으로 향했다. 나는 발자국을 따라 비몽사몽 산길로 향했다. 길은 꿈속에서 본 그 길이다. 길이 끝나는 곳에 오두막이 있었다. 오두막 앞에도 자목련이 꽃잎을 떨구고 있었다. 나는 허둥대다가 뭉개지는 자목련이 나 자신을 닮았다고 생각했다. 일출 전 산그늘에 가린 오두막은 병풍 그림과 같다. 꿈이 맞다면 노인은 이곳에 기거할 것이었다. 일출이 시작되자 방안에 우두커니 앉은 노인의 그림자가 문에 비친다. 노인의 눈동자에 내가 즈려 밟은 자목련이 멈춘다. 내 육신은 노인의 투명한 눈동자에 갇혀 움직인다. 육체 안에 단단히 고정된 노인의 심장은 갓 구워낸 호박고구마처럼 누렇고 따끈하다. 오두막 뜨락에 올라서서 문을 열고 들어서자 방 한편의 커다란 병풍 거울 앞에서 노인이 시를 읊조리고 있었다.

오, 머리부터 발끝까지 붉은 말 없는 잔이여!
도공의 물레 위에서 빙빙 돌아갈 때
도공이 네게 세계를 안겨주기 전 느낌은 어땠냐?

저는 너무나 따스하게 구워주던 위대한
도공의 손에서 떨어져 나올 때
점토 속에서 또렷한 충동을 느꼈습니다.
엄청난 비애감이 저의 현재 형상으로
주조되고 있다고 느꼈죠.
제가 도공의 물레 위에 붙잡혀
이 붉은 색의 잠 속으로 던져지던
그 치명적인 시간 전에는
제 가슴속에 깊이 뿌리내리던

작은 꽃과의 향기로운 우정을 느꼈죠.
도공은 제게서 생명의 숨결을 뽑아내고
제게는 죽음인 하나의 형상을 줬습니다.
꽃 한 그루만 제 가슴을 뚫고 빛나던
지난날 형상 없던 본래 상태가 최선이었죠.

《바가반과 함께 한 나날, '토기의 잔'》

"너는 누구냐? 무엇을 하고 있냐?" 내 안에서 울려 퍼지는 소리였다. "저를 부르셨나요?" 내가 말했다. "그대가 오지 않았는가?" 노인은 태연히 되물었다. 나는 병풍에 붙어 있는 괴상한 거울을 들여다본다. 낯선 얼굴이다. "잘 들여다보시게. 그자가 자네에게 뭐라고 하는지." 주름진 얼굴, 핏발선 눈, 눈두덩이를 둘러싼 주름투성이 눈매, 마른 입술을 가진 초로의 사내가 나를 노려보고 있다. 문득 나는 "저 자가 누구입니까?"라며 놀란다. 노인은 토기 잔을 내밀며 물었다. "이 잔에 얼마나 채워졌다고 생각하나?" "네? 무엇이 말입니까?" "..."

나는 다시 거울 앞에 가 섰다. 낯선 사내가 서있다. 누런 눈동자, 도드라진 목젖, 닭벼슬 같은 목주름과 자주색 입술, 튀어나온 관자놀이 …. 낯선 사내가 퀭한 눈으로 노려보고 있었다. 저 자는 누구인가?

49년 세월이 주마등처럼 지나간다. 하루 한 개비로 줄였던 담배를 피워 문다. 소주 생각이 간절했다. 잔이라…. '완치를 장담할 수는 없지만'이라는 단서를 붙여주며 이런 말이 들려왔다. "그건 오직 당사자의 몫일 터. 나지도 않는 소리가 속에서 들려온다면 좋은 징조네. 육신을 버릴 좋은 징조네, 어험." 이제 새로운 결심 따위는 소용없어졌다. 몸을 통해 지나간 세월은 활성화된 종양 하나로 결집한 모습이었다.

'다시 이 봄 들판을 걸어볼 수 있을까?'라는 생각이 들었다.

"그대는 누구인가? 그대는 어떤가?"

노인의 음성이 징처럼 심장을 울린다. 머리가 아찔하며 심장이 두 배로 뛴다. 종양도 덩달아 온몸으로 파장을 전한다.

"저는 ………."

"결국 그렇군."

"당신의 모습을 봤습니다. 제게 길을 알려주십시오. 자목련 자국을 따라 이곳까지 발걸음이 옮겨졌습니다. 당신에게 이끌려 이곳에 당도했습니다. 당신이 틀림없습니다. 이토록 평온함이 느껴지는 건 처음입니다."

"흠, 생명은 무엇인가? 그것은 누구에게 있는가?"

"제게 있습니다."

"길을 알려달라고 했는데 어떤 길을 말하는가?"

"두려움을 떨치고 이 불안에서 벗어나고 싶습니다."

"두려움은 누구에게 있는가?"

"제게 있습니다."

"떨쳐내려고 애쓰는 자는 누구인가?"

"저입니다."

"불안은 누구에게 있는가?"

"제게 있습니다."

"불안에서 벗어난 목숨을 어디에 쓰려고 하는가?"

"……."

"그토록 애쓰는 자네는 누구인가?"

"……."

"……."

"……."

"……………….."

"……………….."

노인의 침묵이 방안을 가득 메웠다. 노인의 눈에서 쏟아지는 광채가 나를 감싸 돌았다. 노인의 평온함에 압도된 나는 할 말을 잃었다.

"어떻게 그토록 침묵할 수 있습니까?"

"……."

"종양만 아니었다면 저도 …… 남 부러울 게 없었습니다."

"……."

"하물며 …… 그 목숨을 지탱해 어디에 쓰시려나?"

"……."

"어떻게 그런 눈을 가질 수 있습니까?"

"…………."

"흠, 아직도 단단하구만. 자네 몸에 있는 그 혹처럼 말이야. 이렇게 잘라내야 하는데."

노인은 허리춤의 칼을 꺼내 싸리나무 빗자루를 싹둑 잘라내 보이며 말했다. 노인은 방 안쪽을 향해 "나, 다녀 올라네. 손님 안내하시게."라며 밖으로 나갔다. 그날부터 마음은 오두막 근처에 둥지를 틀고 사계절을 보냈다. 마음을 달래는 데 5년의 세월이 흘렀지만 마음은 여전히 칭얼댄다. 어쩌면 내가 아직 살아있다는 증거가 아닐까?

CONTENTS



1장

# 겨울, 방황

2장

# 파종기, 돌아보고 만나기(3~4월)

3장

# 봄의 성찰(5월의 노래)

4장

# 여름, 지혜(6~8월)

5장

# 가을, 비워낼 용기(9~11월)

1장

# 겨울, 방황

논바닥이었다. 팽이놀이를 하는 데 연전연승하던 팽이가 죽은 듯 정지한 순간이었다. 닥나무 채로 서너 번 '딱' 소리가 나도록 분명히 쳤다. 온몸에 찰싹 감기는 촉감과 함께 회전 속도가 가속되었다. 많은 팽이가 나가떨어졌다. 하나 남은 팽이를 화끈하게 밀어낼 기회였다. 팽이는 정신을 집중했다. 속도가 가속되자 비로소 보이기 시작했다. 감았던 눈을 뜨는 느낌, 세상의 빛이 천천히 들어왔다. 아이들이 떠드는 소리, 나뒹구는 팽이들, 해는 서편으로 넘어가고 저녁 어스름이 내리고 있었다. 팽이는 회전의 미동도 느낄 수 없을 만큼 속도를 배가했다. 벼가 잘려나간 볏대궁과 같이 정지했다. 아이 하나가 팽이를 있는 힘껏 치며 싸움을 걸어왔다. 그 순간 불꽃이 일며 나무가 타들어가는 냄새가 풍겼다. 가속도가 붙은 팽이는 어떤 팽이도 근접할 수 없었다. 채찍에 길든 팽이는 범접하기 어려운 속도로 돌아갔다. 자신의 팽이가 나뒹구는 모습을 본 아이들은 화들짝 놀라 쓰러진 팽이를 집어들고 집으로 돌아갔다. 팽이는 혼자 남아 돌았다. 속도는 가속되었고 배꼽 쇠구슬에서는 불꽃이 튀었다. 아이 하나가 팽이를 잡아 세우려는 순간 팽이는 살아 움직이듯 '붕붕' 소리까지 내며 떠올랐다. 팽이의 속도에 베인 아이 손에서 피가 철철 흘렀다. 팽이의 뒷등이 붉게 물들었다. 팽이는 피를 뿌리며 돌아갔다. 겁에 질린 아이들은 하나둘씩 집으로 돌아갔다. 아이들은 고슴도치라도 본 듯 뿔뿔이 흩어졌다.

집에서 그리 멀지 않은 논바닥이었다. 벼를 벤 등걸이 여기저기에 있었지만 물을 채워 얼려 반들거리던 논이었다. 텅 빈 논에서 바라보니 집집마다 굴뚝에 연기가 모락모락 피어올랐다. 정지한 팽이를 집어드는 순간 '그만둬, 그만 닦달해. 내가 알아서 할 테니. 아무것도 모르는 주제에.'라는 소리를 들었다. 나는 귀를 의심했다. 내가 한 말인지 누군가가 내뱉은 말인지 분간할 수 없었다. 분명히 팽이 쪽에서 나는 소리였다. 그 순간 집으로 쏜살같이 뛰어가는 아이는 사춘기에 어미를 잃고 실명한 아비의 구슬픈 시조 소리를 들어야 하는 나였다. 팽이는 왠지 모르게 홀가분한 마음으로 집중할 수 있었다. 여기서 멈추면 갈 곳이 없다는 생각이 들었다. 배꼽 쇠구슬에서 열이 나기 시작했다. 팽이는 허공으로 날아오르기 시작했다. 생각할 겨를도 없이 몸이 떠올랐다. 굴뚝마다 밥짓는 연기가 모락모락 피어올랐다. 어두워지는 산그늘에 자리 잡은 집으로 아이가 문을 열고 들어가는 모습이 보인다. 저 걸음걸이, 저 뒤통수, 가족들, 뒷산 너머 깊은 골짜기를 지나 익숙한 편백나무숲. 채찍 없이도 혼자 날아올랐다는 생각에 팽이는 머리가 쭈뼛 섰다. 팽이는 미친 듯 회전하며 날아올랐다. 어두워지는 저녁 하늘에 눈발이 하나둘 떨어졌다. 팽이는 있는 힘껏 날았다. 저 멀리 논 들판, 제비 둑과 시냇물, 방죽, 들판과 강이 보였다. 강 사이 간격이 좁아지고 다시 큰 마을이 둥근 모양으로 뭉치고 들판을 가로질러 헐떡거리는 생명들의 숨소리가 들려왔다. 팽이는 말했다. 6년간 집중해 경쟁자들을 이겨 모은 딱지와 구슬이 아무 쓸모가 없다니. 지금 팽이는 내 마음의 사진 속에 박혀 있다. 스냅사진 한 장이 팽이의 회전, 비상, 속도 등 모든 것에 엄청난 영향을 미치고 있다. 속도를 가속해서인지 두려움, 죽음 등이 스쳐 지나간다. 나는 고개를 절레절레 흔들어 몸을 추스렸다. 아니 몸을 추스렸다기보다 보잘것없는 형상의 육신 하나를 추스린 것이다. 사람 손때가 묻어 반질반질하고 물감 위에 물감이 덧칠해져 일부는 피가 배어 있다. 다른 팽이와 부딪히느라 귀퉁이 이곳저곳은 상처투성이였지만 배꼽 한가운데 쇠구슬과 묵직한 무게는 회전 속도에 자신감을 줬다.

팽이의 온도 1℃

# 대설주의보

폭설이 내리는 창밖을 바라본다.

나는 눈이 내리면 최승호의 〈대설주의보〉를 맨 먼저 떠올린다.

'제설차 한 대 올 리 없는 깊은 백색 골짜기를 메우며 굵은 눈발은 휘몰아치고 (중략) 다퉈 밀려오는 힘찬 눈보라 군단, 때죽나무와 때 끓이는 외딴집 굴뚝에 해일처럼 굽이치는 백색의 산과 골짜기에 눈보라 내리는 백색의 계엄령, 그리고 선명하게 이어지는 시궁쥐. 먹을 거라면 환장하는 새끼들에게 쩝쩝댈 거라도 물어와 주자는 거겠지.

아니면 배춧잎이라도 장만해 궁색한 살림을 그럭저럭 꾸려나가자는 거겠지. (중략) 모가지만 붙어 있으면 되겠지. 배고프면 서로 잡아먹어도 되겠지.'

'1980, 1981, 1982, 1983 그리고 2021년의 대설'

백색 계엄령에 갇힌 혼령들이 눈보라 속을 떠돌고 있다. 1983년 언저리 사람들이 생으로 유난히 많이 죽었다. 그 속에는 어머니도 포함되었지만 어머니는 정세와 상관없이 시골에서 죽었다. 시궁쥐와 같은 마음으로 고추밭과 들판을 오가다가 5월 초순 벌판에 꽃이 피는 모습을 견디지 못했기 때문이다. 이것은 매우 주관적이고 사적인 직관이지만 30년이 흐른 지금도 지나치게 실존적이고 구체적인 사실이다.

그해 겨울 최승호의 〈대설주의보〉를 읽고 또 읽었다. 시궁쥐를 벗어나 어엿한 아파트도 생겼고 아비를 한 수 아래로 보는 자식과 생활력이 시궁쥐보다 한 수 위인 여인을 만났다. 1983년과 2021년의 대설주의보. 두 눈 사이에 낀 시궁쥐처럼 시인 최승호의 모습도 퀭했다. 시를 읽으며 시인을 소개한 사진 속 최승호는 가느다란 목과 오뚝한 코, 툭 불거진 목젖이 우리 형이랑 닮았다. 한 명은 연필로, 다른 한 명은 선반으로 뭔가를 무심코 갈아낸다는 점에서는 일치했다. 쏟아지는 눈발을 바라보노라면 시인과 선반공이 뭔가를 갈아내는 소리가 들린다. 둘이 내는 소리가 엮인다. 씨줄과 날줄처럼 꼬인다. 아버지는 사랑방에서 새끼를 꽈 가마니를 짜고 짬짬이 고구마 광을 만들었다.

최승호의 글줄과 작은형의 쇠줄이 엮여 세상을 이어간다. 이도 저도 아닌 줄들은 그들대로 손을 엎거나 이리저리 쏠려 다니며 눈보라가 된다. 세상의 기름이 되거나 녹이 되는 인간도 있다. 죽음보다 더한 결기로 반성할 줄 모르고 염치를 똥통에 버리고 어른 행세를 하며 천수를 누리는 인간도 있다. 그러나 인생총량의 법칙이 한 치 어긋남도 없어 섬뜩하고 통쾌하다. 오만, 파렴치, 겸손과 배려 등이 한 치 오차도 없이 각자의 심장에 씨줄과 날줄로 엮여 인생을 이어가고 세상을 이어간다. 세상이 험악하다지만 내가 확인한 결과, 한편으로 세상은 따뜻하다. 하루 500명의 노숙인 친구들에게 무료급식을 제공하는 '안나의 집'에서 요리하고 밥을 퍼주는 사람들은 하나같이 세상에서 가장 바쁘고 조용한 분들이다.

내 친구 귀순 씨, 석근 씨, 민호 씨, 서희 씨, 김하종 씨 …… 승호 씨 등이다. 10년 이상 봉사해오면서 세상 물정에는 어눌하지만 말 없이 세상을 지탱해주는 분들이다.

계엄령이 내려진다고 쥐가 벌벌 떨겠는가? 그 질긴 생명의 악착같은 생계가 고구마 광주리를 포기하겠는가? 갓 태어난 여섯 새끼는 털도 없이 발갛게 엄마 젖을 물고 매달려 있었다. 눈은 감은 채 입은 젖꼭지를 물고 대롱대롱 쥐덫에 걸린 어미에 매달려 나갔다. 30년 전 눈은 오늘날 눈보다 크고 오래 내렸다. 당시는 초가지붕도 고드름도 가마니도 고구마 광도 삐주리 감도 감주도 아버지도 어머니도 있었다. 형도 시인 최승호도 나도 시궁쥐도 … 2021년의 눈보라를 함께 볼 수 없겠지. 어쩌면 어디선가 저 눈을 바라보면 같은 추억을 퍼올릴 수 있겠지. 눈보라 속에서 추억을 퍼올리며 눈시울이 뜨거워지는 이 막막한 그리움이 그들에게 닿을까? 백색 혼백들은 안녕할까? 그 새끼쥐들은 살아남았을까? 아마도 그럴 것이다. 어미와 아비의 생명력이 멈추는 법은 없으니까.

팽이의 온도 2℃

# 동파

동파 때문에 단수가 되었다. 일단 씻을 수가 없다. 찝찝한 기분을 달래는 데는 매운 국물이 최고지. 컵라면을 뜯고 주전자에 물을 받으려니 물이 안 나온다. 시행착오는 계속된다. 커피를 끓이려다가 소변을 보고 나서 양치질하려다가 물었다.

'통하기 위해 필요한 공간은?'

'통할 만큼의 틈만 있으면 됩니다. 얼음에는 구멍이 없거든요. 얼음에 열을 가해 숨구멍을 내면 수압으로 뻥 뚫립니다.'

'숨구멍, 숨구멍만 있으면 통한다. 숨구멍만 있으면. 동파는 숨구멍만 있으면 된다. 그리고 온수가 한 방울씩만이라도 나오게 해두면 절대로 얼지 않는다.'

아들은 저녁 내내 안절부절못하고 똥마려운 강아지처럼 들락거렸다. 양수기를 드라이기로 쐬보고 먹을 물을 준비하고 관리실에 동파신고를 하고 새삼 물의 소중함을 깨닫고 심각한 표정으로 다른 가족들의 물 씀씀이를 감시했다. 그도 그럴 것이 많이 먹고 많이 마셔 가장 많이 싸는 녀석이니 물이 아쉬울 것이다. 그중 가장 불편한 것이 싸는 것 때문일 것이다. 소변은 반 양동이, 대변은 한 양동이가 필요했으니까. 가뭇가뭇 아이들의 술렁대는 소리를 뒤로하고 초저녁부터 잠들어 새벽에 깼다. 물 두 컵 이후 여지없이 밀려드는 배변욕… 화장실에 들어가려다가 문득 걸렸다. 아뿔싸! 물이 얼었지. 그 생각에 미칠 지경이었다. 지난밤 잠결에 이런 말이 들렸다. '아버지는 인맥도 없나 봐. 우리가 이러고 있는데 잠만 자.', '우리가 13번째 신고했는데 하루종일 두 집 녹였대.', '모두 수리업체 부르느라 정신없다는데 아빠는 그냥 자.', '어쩔 수 없잖아? 순서를 기다려보자.'

인맥이라…. 말하고 나니 배가 아파온다. 양동이, 세숫대야, 함지박, 페트병을 챙겨 들고 지하 2층 헬스장 화장실로 달려갔다. '동파로 인해 사용을 금지합니다.' 아랫배와 항문이 움찔했다. 오랜 습관은 자율신경을 마비시킬 정도다. 지하 2층에서 물을 받았다. 모든 그릇을 찰랑할 정도로 받아 엘리베이터를 타는데 물은 넘치고 문은 자꾸 닫히고 똥은 마렵고 머리카락이 쭈뼛 섰다. 쭈뼛한 머리 위로 '아버지는 인맥도 없나 봐.'라는 말이 가슴에 송곳처럼 박힌다. 우여곡절 끝에 물통을 들고 개선장군처럼 들어 주방에 물을 배치하고 양동이를 들고 화장실에 들어섰다. 변기를 열자 풍기는 냄새….

'하여튼 이 자식이!' 일단 양동이 한 통을 쏟아붓고 변기에 앉았다. '아버지는 이런 날은 더 일찍 자. 인맥도 없나 봐. 귀도 어두워. 사람 말을 못 들은 척해. 뭔가 생각에 꽂히면 산만 쳐다봐.' 이런 말들이 여전히 귓가에 맴돈다. 변을 보고 한 양동이를 더 썼다. 그리고 '그 사람'에게 전화를 걸었다. 일을 부탁하면 무슨 일이든지 1.5배를 해주던 사람. 참신한 아이디어에 말수는 적고 행동은 빠르고 약속은 철저하고 마무리는 깔끔하고 태도는 겸손했던 그 사람. 나는 그에 대해 아는 것이 없다. 다만 설비업자로 일처리 결과를 확인할 필요가 있는 사람 정도가 내가 아는 전부다. '당신 집이 동파라고요? 시간되면 일보러 가는 길에 들를게요. 12시쯤.'

물을 두 번 더 길어와 집안 곳곳에 배치하고 가족에게 호령했다. 소변은 반 양동이, 대변은 한 양동이, 설거지는 두 양푼, 양치질은 페트병 반 통, 물 걱정 없이 마음대로 살라고 말하고 나니 의기양양한 내가 씁쓸했다. 이 정도 가장이라니….

아내는 서둘러 목욕탕으로 향했다. 그는 생각보다 빨리 9시에 도착했다. 해빙 스팀기를 갖고 들어섰다. 그는 수도관 라인을 보더니 '이 아파트에는 중간 밸브가 없네요?'라고 말했다. 시공 과정에서 빼먹은 것이다. 3년 전 동파 때도 아무도 말해주지 않았다. 밸브가 없으면 PVC 관을 싸맨 보온재에 스팀을 쏴 녹여야 한다. 얼핏 생각해도 동맥경화를 밖에서 주무르는 것과 같은 이치다. 밸브가 있다면 혈관 안에 투입해 콜레스테롤을 제거할 수 있으련만. 그는 도착하자마자 동의 수도를 5분만 잠가주면 밸브를 설치하고 15분 안에 끝낼 수 있다는 결론을 내렸다.

9시 30분. 관리사무소에 전화했다. 펄펄 뛰었다. '그 사이에 다른 세대가 동파되면 어떻게 감당하냐?'부터 '우리도 알고 있다. 그게 그렇게 간단한 게 아니다.' 등등 전화가 빗발친다. 20세대가 접수 중이다. 소장은 나무늘보였다. '제가 결정할 수 없습니다.' 그들의 변명이 진행되는 동안 그는 15층이 자욱하도록 스팀을 쏘아야 했다. 그는 예상하지 못한 사태에 부딪혀 수많은 일정을 포기해야 했다. 메인 수도관을 5분간 잠가주지 않아 오후 2시가 되도록 스팀을 쐈다. 점점 오기가 난 그가 말했다. '현재로서는 밸브 설치 외에는 방법이 없어요.' 나는 머리끝까지 화가 치밀었다. 2시부터 30분간 엄포 반, 동정 반 나무늘보를 설득하는데 나무늘보는 천천히 회장님의 허락을 구한다. '저어 회장니임, 드릴 말쓰……음이 있는데……요.' 말없는 사나이의 오랜 침묵이 깨지고 안내방송을 하는 데 30초, 수도를 잠그는 데 총 5분 10초가 소요되었다. 그가 부른 팀(그는 이미 팀원들을 소집했다)이 도착해 동파 부위를 잘라 배관을 설치하는 데 5분, 연결 부위를 해동하는 데 10분이 걸렸다. 소장에게 말을 시키는 동안 그는 밸브를 종류별로 몽땅 공수해왔고 설비팀을 불렀던 것이다. 15층 엘리베이터는 고장이어서 15층까지 팀 전체가 계단으로 이동해야 했다. 그는 세 번, 팀은 한 번 이동해야 했는데 그 중 60대 중반의 다리가 불편한 엔지니어도 있었다.

일정은 3시에 끝났다. 관리사무소에 적잖은 설비업자들이 와 밸브 미설치 상황을 보고 60만 원을 부르고 밸브를 가져오지 못했다며 유유히 사라져 돌아오지 않았다는 소문이다. 수도관을 잠가줄 수 없다는 말에 엄두가 나지 않았을 것이다. '동파가 난파였다면?' 생각하기도 싫다. 그와 팀은 오후 3시를 훌쩍 넘겨 15층 계단을 걸어 내려갔다. 그는 물 한 잔도 마시지 않는다. 커피를 싫어하고 홍삼은 당뇨 때문에 먹지 않는다. 문 앞에서 온종일 작업하고도 우리 집 출입문을 넘어서지 않았다. 그는 옆집 밸브까지 교체하고 함께 해동했다. 아이들은 '와! 미쳤다! 물 나와!'라며 환호성을 질렀다. 장비를 들고 뒤도 돌아보지 않고 가는 그를 따라 지하 2층까지 갔다. 견적을 물어볼 수도 없을 만큼 미안하고 고마웠다. '우리는 일이 아무리 많아도 순서가 있어요. 관리 순서가. 돈을 받을 거였다면 당신 집에 오지 않았을 겁니다.', '대가를 치르지 않을 거라면 당신을 부르지도 않았을 것이다.' 실랑이 끝에 나는 '비뚤어진 또라이의 작가일지'라는 제목의 책 사이에 감사의 편지와 수리대금을 꽂아넣고 말했다. '옆집도 성의 표시를 할 거예요. 계좌 주세요. 안 그러면 나도 당신 다시는 안 볼 거예요.'

'대가를 받으려고 했다면 당신에게 오지도 않았다.', '대가를 치르지 않을 거라면 당신을 부르지도 않았을 것이다.' 오늘 나는 그의 나이, 사는 곳과 자녀가 둘이고 당뇨가 있다는 것을 알게 되었다. 그는 나의 무엇을 알게 되었을까? 우리는 이순 중반 강을 나란히 건너고 있었다.

오늘 관리사무소는 한 세대도 해동하지 못했다. 20여 세대는 동파 중이고 연결밸브는 없다. 나무늘보는 15층이 해동된 것을 보고 말없이 퇴근했다. 오늘 15층 작업이 소문나 월요일 대책회의가 계획되었다. 오늘 건을 계기로 해동 방안을 모색한단다. 아뿔싸! 그러고 보니 아파트는 그의 동선에 없는 데 있다. 그는 나를 맨 앞쪽 순서에 두고 먼저 들른 것이다. 표시나지 않게. '우리는 작업 순서가 있어요.' 그의 말이 신축년의 해동을 시작한다. 나는 인맥이 있다.

팽이의 온도 3℃

# 사랑이 녹슬지 않도록

'내가 당신을 계속 걱정해도 될까요?'

라는 말이 남았다. 사랑하는 사람을 기약 없이 떠나보내는 것은 아무리 연습해도 익숙해지지 않았다. 그리움이 쌓여 산을 넘고 바다를 건너고 계절을 가로질러 오면서 아무리 몸부림쳐도 결국 남는 것은 내 몫의 고뇌뿐이었다. 이 고뇌는 숯과 같아 허기진 몸에 노릇한 고기를 구워주거나 때로는 영혼을 삼킬 만큼 뜨거운 화상도 입혔다. 이 숯을 우두커니 바라보다가 상담을 시작했다. 2006년 무렵이었으니 16년이 흘렀다. 타고난 천성과 외로움, 고뇌가 어우러져 사람을 대하는 재미가 쏠쏠했다. 남의 인생을 통해 '내 인생도 그런대로 괜찮다.'라는 위안과 함께 화들짝 놀라며 발견한 두 가지가 있다.

'나'라는 인간의 실체와 사람은 좀처럼 변하지 않는다는 사실이다. 그래서 매일 기도하듯 반성문을 써가며 발견한 행동지침이 있다. 매 순간(실존) 나를 다스려(자기 객관화) 흐름의 통로가 되자(배려, 헌신). 존귀한 생명(생명존중)을 증폭시키자(성장). 이 여섯 가지 지침에 세 가지 용기를 더했다. 사람으로 살아가면서 가장 힘겨운 용서 문제를 정면으로 바라봤다. 그러나 용서는 그렇게 호락호락한 것이 아니었다. 우선 용서할 용기를 냈지만 힘이 모자랐다. 그래서 비워낼 용기를 내 이마를 바닥에 짓이기며 마음속 앙금을 비워내려고 했지만 역부족이었다. 겨우 도달한 곳이 침묵할 용기였다. 살아있는 모든 것은 나름의 존재 이유가 있다. 하물며 사람은 어떻겠는가? 결국 도달한 지점에 남은 것은 내 안에 고스란히 고인 몇 가지 버려야 할 것들이었다. 후회, 연민, 궁상, 눈물, 집착, 무례, 서운함, 미안함, 막연한 희망. 하지만 이런 것들은 마음의 앙금처럼 늘 삶의 순간순간 출렁인다. 내가 도달한 지점이 이럴진대 하물며 사람의 변화를 돕겠다고 나섰으니 그 자가당착은 이루 말할 수 없었다. 그러나 '내가 당신을 계속 걱정해도 될까요?'라고 말하고 돌아 나오는 날은 늘 먹먹했다. 내가 누군가를 걱정할 수 있는 사람이라니. 뿌듯했다. 이 뿌듯함으로 삶이 심드렁해질 때마다 일어설 수 있었다. 처참한 몸으로 둥지에 돌아와 죽음처럼 잠들어도 새벽만 되면 둥지를 박차고 날아오르는 힘은 이런 걱정의 힘 덕분이었다. '나 같은 사람과 한 시대를 살아가다니!'라고 생각하며 살아갈 동력이 되어주는 사람들을 만나면 목숨을 내놔도 아깝지 않을 만큼 용기가 생긴다. 그들은 살아가야 할 이유, 나눠줄 이유, 사랑하는 방법을 터득하는 데 더할 나위 없는 스승이자 친구다. 내 삶이 흐르도록 물꼬를 터주는 분들이다.

'줄 것'을 준비하는 것이 공부다. 아무리 퍼줘도 마르지 않는 샘물을 준비하는 것이 공부의 목적이다. 이 가르침을 주신 조성희 교수님, 기도해주시고 연단해주신 손철우 교수님, 김세영 교수님, 최혜란 교수님, 김희정 교수님,

누군가를 돕기 위해 빙산을 넘고 있는 백석대학교 대학원 박사과정 상담 도반들, '변화를 돕는 의사소통 카드' 씨앗을 뿌려주신 서난희 민트상담소 소장님, 학교상담전문가 김기은 선생님, 임상심리사 황정아 선생님, 늘 냉철한 방향과 조언을 주시는 20명의 한국 동기면담훈련가(KAMI)님들과 동기면담협회 회원님들, 인생의 멘토 정문성 박사님, 언제나 자상하게 독려해주신 류효정 여사님, 여행 식객 박연출 소장님, 따뜻한 김순희 지점장님, 마음이 흔들릴 때마다 중심이 되어주시는 박상백 멘토님, 사람에 대한 따뜻한 시선으로 늘 기도해주신 백현희 · 김태호 부부, 믿음의 본이 되시는 윤민선 집사님, 내 삶의 이유가 되어준 소피 김민자, 여명, 중천, 노을이 사랑합니다. 세상에서 만난 어머니 간순희 여사님 감사합니다. 이 땅에 계셨다면 누구보다 기뻐하셨을 부모님, 작은 형님, 세상에 둘도 없이 선량했던 조카 민학식 ……. 소식을 전합니다. 기뻐해주세요. 일면식도 없는 저자의 책을 기꺼이 읽어주신 《말주변이 없어도 대화 잘하는 법》의 3만 명 독자 여러분, 살아있는 성자 김하종 신부님과 시설에서 도약을 꿈꾸며 기꺼이 상처를 나눠주신 여덟 명의 친구들, 포기하지 않고 견뎌주셔서 감사합니다. '내가 당신을 계속 걱정하겠습니다.' 이제는 울 수 없게 되었다. 지상에는 여전히 수많은 꽃과 걱정해야 할 친구들이 살아가기 때문이다. 모든 사람이 떠난 자리에서도 언제나 두 손 내밀어 품을 남겨주시는 주님 감사합니다. 아픈 내 친구들을 보살펴주세요. 제가 더 힘껏 섬기겠습니다. 이 사랑이 녹슬지 않도록 늘 닦아 비추겠습니다. 따뜻하지만 단단한 전사가 되어…

'변화를 돕는 의사소통카드 활동'에 참여한 시설거주 노숙인의 심리사회적 경험과 변화동기 유발 경험, 상담학 박사 논문 감사의 글이다. 논문심사에서 심사위원이 논문을 쓰는 목적을 물었을 때 나는 이렇게 대답했다. "써먹으려고요. 따뜻하지만 단단한 전사가 되어야 물러서거나 쓰러지지 않고 써먹을 수 있거든요."

팽이의 온도 4℃

# 아버지의 쌍끌이

'정치를 외면한 가장 큰 대가는 가장 저질스러운 인간들의 지배를 당하는 것이다.'

- 플라톤 -

한강의 〈작별하지 않는다〉를 읽고 투표하고 나와 광장을 가로질렀다. 쌍끌이, 선악의 두 욕망은 공존한다. 두 극단이 만나는 지점에서 나는 선택했다. 내가 그 지점 어디에 살아갈 이유가 있을지 생각하며. 엊그제 늘 내 언저리에서 맴돌던 징후를 모아 선이 거친 소설 한 편을 쓰고 봉인해뒀다. 내 잠자리 근처, 일상의 구석구석에 더 이상 접근하지 못하도록…… 그 쌍끌이 감정을 가둬뒀다. 소싯적 한겨울에 우려먹을 생각으로 광에 켜켜이 숨겨뒀던 삐주리 감처럼.

그 겨울 광을 지날 때마다 쥐 소리가 귀에 거슬렸지만 못 들은 척 지나치곤 했다. 떫기가 가실 때까지 기다려보는 것이다. 지금 꼭 그런 느낌이다. 그리고 나는 쓴다. 산책, 명상, 호흡, 밥을 퍼먹고 가끔 기네스 맥주를 마시며… 훅 들어와 읽기를 멈추고 접어둔 책갈피, 덕지덕지 포스트잇이 붙은 책을 베고 덮고 누우면 보이는 쌍끌이. 욕망의 두 극단. 모멸감과 허기 사이에서 부여잡고 있어야 하는 생기와 같은 것. 인간은 나름의 욕망 안에서 나름의 욕망을 욕망하다가 죽는 것 아닐까. 이토록 파렴치한 핏대를 견뎌낸 것이 몇십 년 세월인가.

## 광장 근처 목욕탕에서

칠순의 두 노인이
술에 전 목소리로 뇌까린다.
'투표했어?'
'당연하지. 많이 줄섰더라고.'
'이참에 싹 다 잡아 넣어야지.'
'당연하지.'
'이번에 끝나야 하는데 말야.'
'그러게. 새끼들이 어른들을 뭘로 보고.'

새끼가 가슴에 턱 걸린다. 나는 탕을 빠져나와 옷을 주섬주섬 들고 그들이 보이지 않는 곳으로 자리를 옮겼다. 대화 소리는 점점 기세등등해졌다. 쭈글쭈글한 목덜미치고 우렁찬 소리는 천식환자의 그것처럼 끝부분이 그렁댔다. '빨갱이 새끼들.'이라는 소리가 샤워기에서 물떨어지는 소리를 지나 들려온다. 이 나라에는 어른들이 이렇게 많은데 왜 새끼들은 늘 혼나고 아플까? 욕망의 수단은 왜 이토록 비루할까? 아버지가 살아계셨다면 구순을 훌쩍 넘기셨겠지. 아버지의 쌍끌이는 무엇이었을까? 나는 묻지 못했고 당연히 대답도 듣지 못했다. 30년이 훌쩍 넘는 세월을 가로질러. 혹시 아버지가 살아계셨다면 그래서 핏대를 올리셨다면 나는 아버지를 설득할 수 있었을까?

'야, 조용! 박통이 죽었대. 어디 가서 떠들고 다니지 마. 말조심하고.' 수심 가득하던 아버지의 이마를 스치던 그 새벽의 담배 연기…. 아버지의 쌍끌이는 무엇이었을까? '이제 마음 놓고 시조는 불러도 될까?', '또 누가 권력을 잡아 백성을 먹여 살릴까?', '누가 적을 막아낼까?' 시조만 읊어도 먹고 살 수 있는 세상이 올까?' 나는 한 마디도 물어보지 못하고 아버지를 보냈다. '아버지, 내 아버지, 보고 싶은 내 아버지!' 갑자기 세월을 뛰어넘어 아버지가 쌍끌이로 다가온다.

욕망은 각자의 경로에 따라 움직인다지만 백성의 욕망이 어떻길래 저토록 오만방자하고 뻔뻔한가? 백성이 개, 돼지로 보이는가? 저 자는 도대체 백성을 뭘로 보는가? 두 노인이 태극기를 들고 광장으로 걸어간다. 바람이 세

차게 분다. 오늘의 수모는 잊지 않고 내가 할 수 있는 것을 실천하겠다. 징징대거나 허둥대지 않겠다. "내가 당신을 계속 걱정해도 될까요?" 계속 아픈 마음을 만날 것이고 흐름을 유지해가며 묻겠다. '당신 마음이 어때요? 어떻게 견디신 거예요? 내가 당신을 계속 응원해도 될까요?' 광에 쟁여놓은 감이 떫기가 빠질 때까지 마냥 기다리지 않겠다. 간장도 술도 와인도 된장도 김치도 계속 만들 것이다. 계속 발효해나갈 것이다.

아직 사라지지 마. 불이 당겨지면 네 손을 잡겠다고 나는 생각했다. 눈을 허물고 기어가 네 얼굴에 쌓인 눈을 닦을 거다. 내 손가락을 이로 갈라 피를 주겠다. (중략) 숨을 들이마시고 나는 성냥을 그었다. 불붙지 않았다. 한 번 더 내리치자 성냥개비가 꺾였다. 부러진 데를 더듬어 쥐고 다시 긋자 불꽃이 솟았다. 심장처럼. 고동치는 꽃봉오리처럼.

《작별하지 않는다, 한강》

팽이의 온도 5℃

# 만해 한용운

내가 당신을 계속 걱정해도 될까요?

남한산성에 있는 만해 한용운기념관에 다녀왔다. 제1옹성, 제2옹성, 제3옹성을 돌아 들렀다. 나는 남한산성에서 만해를 만나지 못했다. 남한산성 주변에는 만해가 탁발한 밥과 동태찌게와 두부전골만 즐비했다. 먹을 곳은 지천이고 낙엽은 무성했다. 우실부터 시작했다. 유사시에 대비해 조상의 위패를 모시는 곳으로 위패 못지않게 중요한 곡물의 씨앗을 보관하는 우실, 그 자리에 후손들은 물

탱크를 지어놨다. 만해가 씁쓸히 웃는다. 1옹성과 2옹성을 거치며 각 치를 둘러봤다. 저만치 관악산 아래 희뿌연 황사가 도심을 덮고 있었다. 400여 년 전 저 도심 한복판에는 청나라 진터가 깃발을 날리고 있었을 것이다. 희뿌연 도심을 감싸고 능선은 청계산, 광교산, 대모산으로 이어져 백성의 삶과 죽음을 고스란히 담아내고 있었다. 그래서인지 남한산성에서 바라본 산 그리메는 유난히 애잔하고 유려하고 아름답다. 삶과 죽음의 경계, 척화와 주화의 기로에서 불혹의 인조 목울대가 도드라진다. 주어진 운명을 거스를 수는 없었을 것이다.

'삼배 구도두례'

세 번 절하고 아홉 번 머리를 조아리는 수모를 겪은 지 200여 년이 지나 또다시 왜놈에게 나라를 송두리째 빼앗긴 나라에서 만해는 가슴을 또 쓸어내린다. '조선 땅덩어리가 하나의 감옥인데 어떻게 불 땐 방에서 편히 살겠느냐?'

'일배요.' 조선왕은 오랫동안 이마를 땅에 대고 있었다.

조선왕은 먼지 속 흙냄새를 빨아들였다. 볕에 있는 흙은 향기로웠다. 흙냄새 속에 살아가야 할 아득한 날들이 흔들렸다.'(남한산성 중)

여전히 이 땅에는 흙먼지가 풀풀 날린다. 덩그러니 남은 신축년 달력 한 장을 두고 매서운 바람이 휘몰아친다. 주름진 모가지와 일본 순사와 같은 눈빛으로 여전히 이 땅을 지배하는 자들이 함부로 사람을 깔보며 백성을 짓밟을 채비를 하고 있다. 먼지에 눈이 멀고 거짓 혓바닥에 귀를 먼 백성들은 수많은 수모와 울분을 잊었다. 이제 굶지 않으니 밤잠을 설치지도 않는다. 수모와 분노가 돋아날까? 또다시 굶주림이 다시 찾아올까 봐 두려워 기억을 자물쇠로 채우고 잠을 청한다. 잠이 올 리 없지만 어리석은 백성의 절반은 여전히 깊은 잠이 들었다. 잠든 백성은 이제 저 관악산 언저리 진터에서 비웃는 청군의 비아냥을 듣지 못한다. 5학사의 피눈물과 왜군의 칼끝과 칼끝보다 더 시린 모욕을 잊고 다시 턱밑까지 진을 친 내부의 적을 눈치채지 못한다. 우리는 얼마나 시간이 흘러야 백성을 사람으로 보는 수장을 얻을까? 염치가 있는 왕을 영접할 수 있을까? 저기 만해가 걸어간다. 남루한 뒷모습이 오늘 따라 유난히 추워보인다. 옹골찬 어깨, 불타는 눈빛 …… 슬픈 서정.

제 곡조를 못 이기는 사랑의 노래는 님의 침묵을 휩싸고 도는데 저 멀리 이국 땅에서 목숨을 버려가며 뿌린 핏값은 다 어디로 갔을까? 누구의 주머니와 의식 속에서 서식하고 있을까? 그 빨간 열매는 누가 다 따먹었을까?

팽이의 온도 6℃

# 팔순의 그녀, 노을!

내게 팔순은 셋째 노을의 환생이다. 그녀는 40대에 죽었고 그녀는 팔순을 맞았다. 둘 다 만만찮은 인생이다. 새끼들 밥 굶을까 봐 어떤 수모도 감수했다. 동네에 상이 있으면 새벽이슬을 밟고 그 집 뜨락에서 주인과 눈을 마주친다. 내가 왔다는 눈도장이다. 그 후 그녀는 잠시도 쉬지 않고 무쇠솥을 뒤집어 불쏘시개로 불을 피웠다. 빈속에 무쇠솥을 든다는 것은 똥침을 맞는 고통이었을 것이다. 부침개를 부치는 엄마는 손과 눈이 따로 논다. 손은 부침개, 눈은 출입문… 우리 새끼들이 왔는지 찾는 것이다. 온종일 엄마의 머릿속을 채운 것은 새끼들의 목구멍이다. 먹다 남은 부침개, 비닐봉지째 잘못 버린 약과, 쪼개진 다식, 장독대 뒤의 식혜, 강정 부스러기, 콩가루가 묻지 않은 인절미…. 그 찹쌀이 붙은 절구와 절구통을 엄마의 부르튼 손이 긁는다. 40년 나이 차의 두 엄마의 시간을 뛰어넘는 공통점이다. 물론 둘이 아닌 셋, 셋이 아닌 수많은 엄니일 것이다.

어머니에게

오늘 이 순간 내 나이는 처음 당신을 만났을 때 (1994) 당신의 나이를 넘어서고 있습니다. 돈은? 부모는? 형제는? 직업은? 어느 것 하나 대답할 것이 없어 겨우 "건강하고요, 농사일을 잘해요. 그리고 착하다고 하고 열심히 사는 편이에요. 그 순간 정적이 흐른다. 어머니는 딸을 돌아보며 말씀하셨다. "네가 뭐가 부족해서 저런 천하의 고아 …… 가난뱅이, 키도 작고 부모형제, 그래 다 그렇다 치자. 직장도…."

그날 그녀는 울었다. '밥은 먹었나?' 그게 문제다. 나는 늘 허기져 밥맛이 좋다는 것. 두 그릇을 때려 먹었다. 엄마가 죽은 지 10여 년 만에 처음 먹어보는 집밥이었을 것이다. 뜬금없이 힘이 불끈 솟아 일거리를 찾았다.

## 땅콩밭

그때는 땅콩철이었다. 동네 노인 서너 명이 어슬렁어슬렁 장둥밭으로 걸어왔다. 얼마 되지도 않는 거리를 걷는 데 30여 분. 그리고 땅콩밭에 퍼질러 앉는다. 나는 묻지도 따지지도 않고 목장갑을 끼고 맨발로 밭으로 나갔다. 40년 전 그날 엄마가 있던 그 콩밭으로 돌아간 느낌이었다. 나는 500평이 넘는 땅콩밭의 80%에 해당하는 땅콩을 뽑아치웠다. 그 덕분에 그날 왔던 노인 일꾼들의 가오는 땅에 떨어졌다. "쯧쯧, 모두 폐계처럼 졸다가 막걸리 마실 때만 반짝하고 저게 뭐하는 상판들이여, 저 사람이 일은 좀 하네." 20년이 훌쩍 넘었다. 딸 여명, 아들 중천,

노을이라는 이름을 지어뒀다. 첫째와 둘째가 태어났고 셋째 노을은 지금 내가 쓰고 있는 글이다.

팔순의 또 하나의 엄니, 간순희 씨가 운다. '저 사람은 문사요. 농사일보다 글농사를 잘 지어. 내 아들과 같은 사람이지.' 마을회관에서 엄니는 늘 이 말을 한다. 잊을 만하면 이 말을 한다. 고스톱을 치다가도 동네잔치를 할 때, 가을 설악산 단합대회, 5월 벚꽃놀이 갈 때, 막걸리 한 잔 걸쳤을 때…… 때와 장소를 가리지 않고 잊을 만하면 한 번씩 쏘신다. '우리 사위는 말이여 문사요. 농사일보다 글농사를 잘 지어. 내 아들 같은 사람이니.' 엄니는 내가 편지를 읽을 때마다 우신다. 확률 100%다. 내 결혼을 극구 반대했던 처형은 내 편지를 꺼린다. 처남들도 꺼리고 심지어 아내도 꺼린다. 좋은 분위기 망친다고. 상관없지 않은가? 나는 여전히 쓰고 있고 엄니는 여전히 울고 여전히 건강하다. 아프거나 죽는 일이 앞날에 있겠지만 상관없다. 우선 아프지 말고 떠나는 날은 내게 귀띔만 해주시길. 미리 듣고 싶은 말을 남거둔다. '김 서방… 내 아들… 나는 다 울었으니까 재밌게 살아.' 어쩌면 팔순의 엄니는 어쩌면 내가 그토록 가지고 싶어했던 셋째 아이 노을일지도 모른다는 바보 같은 상상을 했다.

팽이의 온도 7℃

# 그 겨울의 풍경소리

용인시 처인면 … 노 스님의 목탁

소리, 땡그랑땡그랑 쉼없는 풍경 소리. 산등성이를 굴러 내리는 겨울바람은 까치발로 가랑잎을 밟고 지나 측백나무 가지를 흔든다. 네가 머문 곳은 측백나무 뿌리 아래다. 아무도 가보지 않은 곳. 너는 저쪽에, 나는 이쪽에 서있다. 허리 부상을 당한 형은 지루해하는 눈치다. '길어도 너무 긴데. 벌써 3시간째야. 나는 한 방에 끝내줘라.'라는 말을 농담 반 진담 반 한다. 7일의 일곱 배를 기도하고 49일째 임지를 배정받는데 이쪽에서 기도하는 사람이 없으면 그

동안 형은 뭐할 건데? 바로 발령날 걸. 뜨거운 곳으로…. 거기가 발령내기 가장 쉽거든. 성자도 500번 환생을 거듭해 성불했거늘….

사랑하는 식아!

그쪽은 어떠냐? 가보지 않은 세상이지만 그 세상도 다르지 않을 듯하다. 그쪽에서도 우리와의 추억이 새록새록할지 아니면 잊을지 서로 물어볼 수 없으니 가보지 않으면 알 수 없구나. 이쪽에 남아있는 나는 추억만 아련히 품고 살아가겠구나. 어떻게 해야 네가 기뻐할지 생각하며 그대로 살아가려고 한다. 겨울 이맘때쯤 함박눈 속에서 엉덩방아를 찧으며 잇몸을 드러내고 웃던 네 아우와의 눈싸움이 생각난다. 네가 웃으면 세상이 다 환해졌다. 세종대왕릉 앞 공터였다. 이맘때 추억은 그립고 그립다. 그곳은 어떠냐? 여기 남은 우리는 최선을 다해 살아갈 작정이다. 아무리 용을 써도 식이 너만큼 살아갈 자신은 없겠지만 세상에 나온 빚은 갚고 살고 가겠다. 혹시 아느냐? 그쪽에서는 이쪽 모습들, 마음들,

간절함과 정성, 그리움, 추억들이 모두 보이고 느껴질지…. 느껴지느냐? 우리가 만나는 지점이 꼭 있다는 것. 이제 너를 보낸다.
10년이 지나도, 100년이 지나도, 1,000년이 지나도, 영겁의 세월이 흘러도 잊지 마라. 너는 거기서 나는 여기서 영혼의 안식처를 찾아 살아가다가 그곳에서 만나자. 사랑하는 식아, 이제 가도 좋다. 나는 너보다 더 아픈 사람들을 보듬으며 문장으로 그려내며 우리 만날 그날까지 살아가마.

팽이의 온도 8℃

# 두근두근 원식 씨와 그 친구들

원식 씨는 머리가 좋다. 슬랩스틱 코미디, 고해성사, 정신지체와 정신장애의 차이점을 정확히 자신의 말로 표현할 수 있다. 원식 씨는 사람을 웃기는 일을 너무 좋아한다. 덕분에 활동할 때마다 크게 웃는데 정작 동료들은 뜨악한다. '저렇게 신날 일이 뭐가 있단 말인가?'라는 표정이다. 원식 씨는 실컷 하고 싶은 게 많다. 맛있는 음식 먹어보기, 다양한 담배 피우기, 낭만적인 연애 해보기, 달콤한 펜팔 나누기, 재미있는 영화 보기, 푸짐한 선물 받아보기, 폼나는 삼촌 되어보기, 통증 없이 느닷

없이 죽기. 실컷 하고 싶은 게 많은 원식 씨는 오늘도 집중한다. 장애우 도우미 면접을 봤는데 두근두근 떨린단다. 자신이 뭐라고 답변했는지 정확히 기억이 나는데 질문에 맞는 답변인지는 모르겠단다. 이번에 떨어지면 한참 쉬어야 한다고 걱정이다.

두둥~ 일주일 후. 원식 씨가 합격했다. 그럴 줄 알았다. 나는 최근 몇 년 동안 원식 씨보다 똑똑한 사람을 본 적이 없다. 합격 턱으로 선물을 전해주신다. '선생님, 맨날 받기만 해 죄송해 선물을 준비했습니다. 형편없는 것들이니 집에 가 펴보세요.'라고 하신다. 장갑, 휴대폰 거치대, 귀마개, 검은색 면봉 한 세트, 진달래색 안경주머니 등등. 원식 씨 선물은 당신 만큼이나 유머러스하고 원색적이지만 가슴에 뜨거운 것이 올라온다. 나는 원식 씨처럼 웃겨보려고 했지만 흉내도 못내고 울컥 눈물을 삼키고 말았다. 웃기는 것으로 원식 씨를 이겨보겠다고 마음먹은 게 잘못이었다. 그리고 일주일 후 3년 내내 수업일수 채우기도 힘겨웠던 묵이와 규의 졸업식이 있었다. 묵이는 늘 강하고 악랄해 보이고 싶어 문신을 하고 소리를 고래고래 지르며 교실을 박차고 나가도 좀처럼 세보이지 않았다. 묵이가 앓는 열병은 한때 내 열병이었다. '나는 아파도 끝까지 물고 늘어져요. 안 그러면 물로 보거든요.' 늘 한쪽 다리를 다치는 묵이는 현재 권투를 배우는 중이다. 폐활량이 좋아 현재 전적은 1승 1패다. 담배 때문에 호흡조절이 어렵다고 한다. 고등학교에 들어가자마자 퀵서비스 배달을 뛸 생각이다. 용돈도 벌고 자립을 준비하기 위해서다. 중학교 때 하도 수업을 많이 빼먹어 수업 듣기가 어려울 테니 자퇴가 유력하다고 한다. 그러나 묵이는 쉽게 포기하지 않을 것이다. 규는 엄마 수호신이다. 엄마를 지킬 일념으로 밤새 게임하고 늦잠자고 겨우겨우 수업일수를 채웠다. 엄마 가슴에 못질해 엄마가 도망치지 못하게 하려는 규의 작전이었다. 규가 최선을 다한 덕분에 결국 엄마는 규의 곁을 떠나지 않았다. '지겨운 중학생 시절이 지나가길 바랐어요. 고등학생이 되면 자격증도 따고 더 지나면 알바도 할 수 있고 담배도 눈치 안 보고 살 수 있고….' 규도 조용히 선물 하나를 놓고 간다. 귀찮다는 듯 '엄마가 갖다 주래요.'라며 담배 냄새를 풍기며  떠난다. 원식 씨도 묵이도 규도 15세에 걸려 넘어져 죽을 고비를 넘겼다. 하루키의 주인공들도 하루키 자신도 그렇게 보인다. 겐지도 훈 작가도 고흐도 카프카도 식이도 나도 그렇다. 지금까지 두근거리는 가슴은 그때 열어보지 못한 입구, 의식 저 아래에 웅크리고 앉아 평생 함께 살아가다가 죽음을 맞을 무렵 비로소 만나게 되는 지점이 아닐까? 그러므로 길은 멀고 날은 춥고 비오는 겨울에 길을 떠나는 친구여! 두려워하지 말기를, 멈추지 말기를, 영혼의 호수에 빠져 부디 익사하지 말기를 바란다. 두근거리는 심장이 불현듯 번개를 칠 테니.

팽이의 온도 9℃

# 내게 낭만은 조선이다

### 3만 달러, 그러나 조선은 여전히

뜬금없이 머리를 깎고 악다구니하며 침을 튀고 있다. 내뱉는 말들에 썩은 피가 섞여 있다. 어떻게 얻은 혁명인가? 드라마 '미스터 선샤인'을 보다가 문득 이런 말을 들었다. '내게 낭만은 조선이다' 단 한 번이라도 온전히 자신을 다스려 백성을 위로한 군주가 조선에 있었는가? 수천 명의 저격수, 한 명의 피격자. 그가 견뎌낼 피눈물을 왜 외면하는가? 적어도 내 가족과 친구에게 총구를 겨누지는 않았다. 수장되는 아이들의 영혼을 외면하지는 않았다. 누가 촛불을 들 염치가 있는가?

술자리 한 번만 거르면 변방 백성 천 명이 허기를 달랠 수 있는 조선의 풍요다. 그러나 작금의 조선은 어느새 허기를 잊었다. 노비의 부모는 지주로부터 짓밟히고 노비는 그 칼이 자신을 향한 것을 보고 죽기살기로 도망쳤다. 그는 천신만고 끝에 서방으로 도망쳐 목숨을 부지했다.

수십 년이 지나 노비의 아들이 귀향한 땅에 빈자는 여전하고 있는 자들만 단상에 올라 훈장을 달고 목울대를 세우고 있다. 조선 산천은 의구하되 여전히 조선은 피투성이다. 염치도, 주제도, 배려도, 명분도, 낭만도 없이 서로 헐뜯고 상대방을 왜구보다 못한 자로 폄훼하며 핏대를 올린다. 충무공 이순신 장군 동상 앞에서…. 그가 평생 위장병에 시달리며 피를 한 말씩 쏟아내가며 지켜온 조선이다. 조선은 지금 여전히 촛불처럼 흔들리고 아프다. 가을빛이 물드는 산등성이 너머 노을이 붉게 물든다. 치가 떨리는 울분은 응어리져 목울대에 머문다. 권력에 눈먼 자들은 아무도 상대방에게 눈을 보이지 않고 질문조차 하지 않는다. 그리고 피문은 입을 닦고 자신의 욕망에 표를 던진다.

어떤 마음이었는지
지금은 어떤지
무엇이 힘들게 하는지
어떻게 견디고 있는지
그리고 얼마나 걱정했는지
얼마나 아픈지

누구도 질문하지 않고 일방적으로 저격한다. 어디 철천지 원수가 서식하고 있는지 저 나팔수는 어느 나라 논객이길래 이토록 탐욕스러운가. 어떻게 지켜낸 조선인데 이토록 파렴치가 난무하는가? 이토록 부끄러움을 모르는가? 일생을 누리고만 살아 더 이상 할 수 있는 일이라곤 겨우 악다구니뿐인가? 가을은 여름 내내 피땀 흘려 맺은 열매를 풀어내 나누고 비워내는 철이다. 그래야 겨울을 날 수 있고 다음 봄을 기약할 수 있다. 부와 명예 속에 숨은 교만의 저주를 세월이 얼마나 흘러야 알아차릴까? 하물며 교만은 멸망의 선봉이거늘. 그것이 누구를 위한 것이거늘 그토록 변화하려고 하지 않는가? 내려놓으려고 하지 않는가? 잘 먹고 잘 살아도 조선은 여전히 아프고 마음이 허기지다. 장사꾼, 모리배, 뚜쟁이, 사기꾼들이 호시탐탐 기웃거리며 음흉한 미소를 짓는다. 부모를 농락한 자들의 웃음이 낯익다. 누구의 부모도 아닌 우리 모두의 부모를 농락한 자들이다. 하물며 조선은 서로 물어뜯으며 가진 자들은 더 가지려고 안달이다. 한 치의 양보도 없다. 나라가 농락당했을 때 배운 아집이 그대로 살아 있다. 입주위에 훔쳐먹은 날고기가 흥건한 자들이 삿대질하며 광장을 기웃거린다. 지긋한 연륜에 염치를 찾아볼 수 없다. 저런 자들을 선조로 염두에 둔 적이 없거늘…. 인근 섬 풀숲에 숨은 자들이 입맛을 다시며 움직인다. 흉측한 하이에나들의 울음소리가 웃음소리로 변해간다. 하지만 아무도 상대방의 눈을 응시하지 않는다. 그 눈 속 슬픈 자화상을 마주 보기에는 너무 민망할 것이다. 낭만, 내게 낭만은 현재의 조선이다.

2장

# 파종기, 돌아보고 만나기 (3~4월)

## 입춘

죽음의 공포는 생의 많은 질문에 답을 줬다. 팽이가 머물던 자리가 얼얼하다. 나를 막아선 자가 팽이였다니. 어쩌면 팽이는 자신의 임무에 충실했는지 모른다. 내가 아니었다면 팽이는 편백나무로 서서 편백나무숲을 굽어보고 있었을까? 그것은 기약 없이 세상에 던져졌던 일만큼 알 수 없는 일이다. 팽이는 나를 막아서서 내게 죽음을 맛보게 하고 떠났다. 심장 한가운데서 버틴 채 숨통을 틀어막았다. 죽음의 공포는 살아 숨쉬는 평범한 일상이 얼마나 큰 축복인지를 일깨워 주었다. 팽이가 빠져나간 곳에 작은 공간이 생겼다. 공기주머니와 같았다. 그 주머니가 '훅' 바람을 내뿜었다. 내친 김에 한 마디 더 내뱉었다.

'입춘'

입춘이라고 말하자.

무서울 것 없이 설치던 겨울이 움찔한다. '이제 네 자리를 비워라. 당황하지 말고.' 계절이 있는 곳이 어디 이곳뿐인가? 봄 여름 가을 겨울은 사람의 몸에도 인생의 흐름에도 인간관계에도 있다. 관계는 안녕한가? 진중히 자기 길을 걸어가는 무장된 인간까지는 아니더라도 분위기에 휩싸여 전전긍긍하는 변변찮은 인간이 아닌지 되돌아본다. 함부로 상대방을 막아서서 충고하고 평가하고 단정하고 섣불리 진리를 운운해 상대방의 동기에 간섭하지는 않았는지, 상대방을 번잡하게 하지는 않았는지. 입춘 앞에서 허투루 날뛰지 않았는지. '모든 진리를 가지고 내게 오지 말라.'라는 모 시인의 말처럼 상대방이 원치도 않은 일에 치여 쏠려가지는 않았는지. 친구가 말한다. 살아오면서 발견한 진리 하나가 있다. 나는 팔씨름만큼은 누구에게도 져본 적이 없다. 중 · 고등학교 다닐 때는 물론 군대에서도 팔씨름 하나로 포상휴가까지 받았을 정도다. 그런데 인간이 같은 주제로 세 명쯤 만나면 반드시 생각하지도 못한 적수가 나타난다. 나를 뛰어넘는 자는 어디에나 있다. 그러니 누구 앞에서도 상대방의 의견을 묻기 전에 미리 짐작해 상대방을 단정하듯 떠벌리거나 상대방에게 뭔가를 주입하려고 해서는 안 된다. 그는 이렇게 덧붙였다. 상대방을 쉽게 단정하는 자는 자신이 딱 그런 인간이므로 간파당하기 쉽다. 상대방을 단정하는 존재는 가장 하찮은 인간이다. 그러니 말조심해야 한다.

겨울 들판을 바라보면 팽이는 피가 솟는다. 이제 추위에 떨던 시절은 끝났다. 파종기가 되면 살아 겨울을 난 생명들은 씨앗을 준비한다. 팽이는 다시 분주했던 시절이 떠오른다. 채찍이 가해지는 대로 몸을 맡겨야 했던 시절 말이다. 힘을 빼고 마음을 전해주는 채찍은 언제나 심장을 뛰게 했다. 자신의 욕망을 중심에 둔 채찍은 팽이에게 언제나 고통만을 안겨 주었고 그때마다 팽이는 속도도 감흥도 느낄 수 없었다. 아버지가 참새를 쫓을 때는 더 무시무시한 채찍을 썼다. 동아줄 끝에 천 조각을 매달고 딱총 소리보다 큰 소리를 내면 서슬퍼렇던 참새들도 논배미 근처에 얼씬하지 못했다. 얼마나 무시무시한 패거리였는가. 떼로 몰려다니며 몇몇이 엽총에 맞아 쓰러져도 아랑곳하지 않고 들판 이곳저곳을 헤집고 다니던 무리는 생존 방식의 전형을 보여줬다. 참새떼가 황금빛으로 물든 들판을 구름처럼 몰려다닐 때 봤다. 그들의 눈빛, 거침없는 날갯짓, 개의치 않는 죽음. 어느 날 새를 쫓던 나는 방죽에 앉아 거머리를 뒤집고 있었다. 논과 논 사이 물꼬에 거머리, 우렁이, 붕어, 참게가 서식하던 시절이었다. 나는 말거머리를 잡아 나뭇가지에 꽂아 고스란히 뒤집어 말려

버렸다. 모내기 철 허벅지에 피범벅이 되도록 달라붙었던 거머리에 대한 복수였다. 거머리는 양탄자처럼 출렁거리며 헤엄친다. 사람 손에 잡혀 올라오면 얌체공처럼 몸을 동그랗게 말았다. 나뭇가지로 입과 항문을 관통하면 거머리는 고스란히 햇빛에 노출되었다. 떼로 몰려든 참새는 부리로 거머리를 거침없이 찍어 삼켰다. 그때 논두렁에 누워 있던 팽이는 참새를 가까이서 지켜봤다. 갈색 털에 듬성듬성 검은빛이 나는 갈기가 섞여 있었다. 그때 참새의 눈을 똑바로 바라볼 수 없었다. 그 무시무시한 눈빛은 수십 년이 지난 지금도 가슴에 남아 있다. 힘을 빼고 마음으로 전해준 아버지의 채찍은 그런 참새떼의 오금조차 저리게 했었다.

피가 솟구칠 때마다 팽이는 있는 힘껏 산등성이를 기어오른다. 경사가 급해 약 30㎝의 비상으로는 수없이 반복해야 올라갈 수 있다. 오르는 도중 들쥐, 다람쥐, 고양이라도 만나면 산 아래까지 나뒹굴어야 했다. 온몸이 지쳐 더 이상 움직일 수 없을 때 팽이는 참새를 생각한다. 그 생기와 생명력, 죽음을 아랑곳하지 않는 질주와 멈추지 않는

활기를. 팽이는 이렇게 중얼거린다. '나를 막아선 게 팽이였다니!' 채찍이 그리운 날이었다. 돌아가는 방법을 알아야 속도를 낼 수 있고 날아오를 수도 있다. 날 수만 있다면 편백나무 숲에 다시 가볼 수 있을 텐데. 숨을 고르고 호흡을 가다듬어 어떻게 여기까지 날아왔는지 기억해보자. 순간 팽이는 뒤돌아보지 않고 산등성이를 올랐다. 날 수만 있다면 숲의 향기를 맡을 텐데. 나는 편백나무 숲 쪽으로 고개를 돌린다. 고향의 장독대, 삐주리 감, 골담추 핀 뒤꼍 화단, 상수리나무와 가랑잎 그리고 시조 소리도 가물가물해지고 있다. 그러나 팽이는 아니다. 팽이는 온통 그곳 생각뿐이다. 삶이 지독할수록 팽이는 점점 더 청색 슬레이트 지붕과 은행나무와 논과 개울, 제비둑에서의 사건들이 생생히 되살아난다. 그 마을에는 팽이가 살아가야 할 이유가 숨은 것 같았다.

팽이가 날아간 곳에 바람주머니가 생겼다. 나는 바람을 느낀다. 이토록 홀가분할 수가! 홀가분한 마음으로 입춘이라고 다시 한 번 말한다. 산등성이를 오르던 팽이가 마지막 도약을 했을 때 그 소리는 팽이의 배꼽에 닿았다.

'입춘'

파종기에 접어들면 모든 것이 살아 움직였다. 무엇보다 보리싹이 미처 뿌리내리지 못했을 때 맨 먼저 참새들이 움직였다. 들판에는 참새를 막는 그물이 있었다. 앞에서 날던 참새가 걸려 몸부림치며 찢어낸 그물 사이로 또 한 무리의 참새떼가 지나간다. 참새가 지나간 자리에 참새가 끊임없이 지나간다. 참새떼는 바람보다 많았다. 그들이 어디에 알을 낳는지, 어디서 번성하는지, 새끼 참새들은 어떻게 생존하는지 도무지 알 수가 없다. 단지 떼지어 들판을 헤집고 다니는 무리만 보일 뿐이다. 죽음을 깔보는 무리라니. 팽이가 빠져나간 자리에서 그런 생각이 들었다. 그 무렵 팽이가 있던 자리에서는 죽음과 삶이 공존했다. 막아서면 죽음, 통과하면 삶이다. 죽은 자가 걸려 있는 자리를 산 자가 통과한다. 통과한 자는 알 것 같다. 저 죽음이 자신일 수도 있다는 사실을. 막아선 자 앞에 굴복하면 그것이 바로 죽음이다. 그가 다름 아닌 자신이라면 말할 것도 없다. 팽이는 자신이 살던 집을 생각한다. 아이와 살던 집, 몽니 부리던 집, 딱 버티고 서서 막아서면 모든 것이 멈추는 집, 그 집을 떠나 와보니 많은 것이 보인다.

견딜 수 없는 이별을 선사한 죽음들을 구경하듯 바라봤다. 그 죽음과 정면 승부하지 않으면 죽음에게 먹힐 수도 있다. 참새 그물에 걸린 참새에게 농락당하듯 그렇게 어리석은 죽음을 맞을 수도 있다. 겨우 산등성이에 다다른 팽이가 입춘이라는 말에 움찔했다. 지금은 계절을 가늠할 수 없다. 추위도 더위도 느낄 수 없다. 다만 어딘가 경계지점에서 은신 중이라는 생각이 든다. 어쩌면 이곳이 내가 살았는지 죽었는지 확인할 지점이 아닐까. 팽이는 추억에 잠겨 있다.

팽이의 온도 10℃

# 이모라고 쓰고 들꽃이라고 읽는다

내 어머니는 자매만 넷이다. 자매들은 남천리, 도가니, 천안, 대전에 흩어져 살았다. 내 어머니가 큰언니였다. 셋째까지는 공교롭게도 딸 하나에 아들 셋씩 뒀고 딸은 모두 장녀다. 공통점은 또 있다. 모두 무학이었고 남편들은 지독한 병환에 술 도가니에 부모의 찢어지는 가난과 무관심을 경험한 사내들이었다. 막내 이모는 바람이었다. 세상을 맨 먼저 깨우쳐 도를 찾아 세상을 떠돌다가 바람처럼 사라졌다. 막내 이모는 어느 날 뜬금없이 나를 찾아와 네가 선택되었고 깨우침을 이루기에 가장 적격이라며 흰 무명옷을 준비해왔다가 어머니와 악다구니로 싸우고 떠났다. 세상을 떠돌던 막내 이모는 큰언니가 죽은 후 한참 만에 죽었다. 나는 이모가 죽었다는 소식을 풍문으로 들었다. 첫째, 막내, 셋째, 둘째 순으로 세상을 떠났고 남편들은 아내를 보내고 난 언저리와 술과 시조와 바람과 병환과 함께 어우러지다가 세상을 등졌다. 그들은 온양을 중심으로 가끔 모여 온천욕을 즐겼다. 둘째 이모부는 뜨거운 목욕물에 느닷없이 뛰어들었다가 뜨거워 후다닥 뛰쳐나와 두고두고 아버지의 놀림감이 되었다. "용래는 맨날 동네 목간통만 다녀서 온천욕을 몰러. 뜨거운 온천물을 개구리처럼 튀어 나오는데 그 불알이랑 그때 다 익었을 거여. 내가 본 아버지의 일생 중 가장 환하게 웃은 것은 그 얘기를 꺼낼 때였다. 용래는 둘째 이모부의 이름이다. 두 분이 만나면 오순도순 '형, 동생'하며 살가웠던 기억이 난다. 어머니는 이모들과 '성, 동상' 부르며 밤새 남편 이야기를 했는데 절반은 흉이고 절반은 자랑이었다. 특히 첫째와 둘째 동서끼리는 친했다.

한 명씩 세상을 뜨면서 자매들은 소원해졌다. 어머니

를 포함한 네 자매 모두 젊은 나이에 세상을 떠났다. 자녀들은 부모에 대한 애정이 하나같이 애틋하고 성품이 선량했다. 일찍 부모를 여읜 상처와 간절한 모정, 가난한 부모 덕분에 자식들은 중구난방 죽기살기로 살았다. 정도 한도 눈물도 많지만 남의 마음에 상처를 주거나 나보다 못한 사람을 무시하지 않는다. 주특기가 하나씩 있는데 30년 넘게 해병대에서 버티거나 선을 수양하거나 글을 쓰거나 운전하기도 하고 지독한 시련이 몰려올 때는 각자 조용히 울고 보고 싶을 때는 시도때도 없이 모여 술을 마신다. 유전인지 이 집 사위들은 하나같이 술을 잘 마신다. 자식들은 모두 결혼해 자녀를 둘셋씩 낳고 손자까지 보기 시작했다.

4월에 그들은 자연휴양림에 숙소를 예약하고 짐을 풀었다. 모두 평생 처음 마음먹고 실행한 여행이었다. 해병대에서 33년 동안 버틴 셋째 이모 아들 영진이와 둘째 이모 아들 우철이 덕분이었다. 우리는 밤새 이야기보따리를 풀었지만 어머니 이야기를 하지는 않았다. 플래카드를 숙소에 걸고 밤늦도록 이야기 꽃을 피웠다. 지지러지

듯 터지는 웃음소리가 밤이 깊도록 밤 까마귀들의 잠을 방해했다. 서로 마음을 간섭하지 않으며 일정한 마음의 거리를 두고 20년 가까이 만났다. 마음의 거리 5m 사이에 폭풍과 같은 사연들이 있지만 서로 사연을 헤집지 않고 조용히 다독이거나 침묵으로 응원해준다. 나는 지금까지 살면서 이런 플래카드를 대낮에 본 적이 없다. '이종사촌 형제 모임'

4월
들판에는 파종이 한창이다.
슬픔도 그리움도
애절함도 묻어두면 모두 거름이 된다.
우리는 길 위에 서서
그리운 이모라고 쓰고
들꽃이라고 읽는다.
영숙, 정숙, 영순, 건이, 지애, 민자
그리고 주순 언니와 그 형제들은 지금 4월에 머문다.

팽이의 온도 11℃

# 너는 바람, 나는 눈물

4월이 저문다. 파종하고 집에 돌아오는데 낮달이 따라오며 말한다. '잘 있니? 형이다.' 그 형은 내 작은 형이다. 내가 세상에서 행복하길 바라는 사람이 바로 그다. 20년 동안 반월공단 기계 앞에서 밀링 일을 해온 형이 어느 날 말했다. '나 정리하고 애인 생겼다. 네가 보고 말해줘라. 내 인생에 한 번쯤 이런 사람 만나도 괜찮을지.' 속초에서 그녀를 만났다. 손톱이 길고 머리에 염색하고 한 마디로 컬러풀하고 섹시했다. 닥치고 무릎 꿇고 빌었다. 20년 동안 흑백뿐이던 우리 형의 남은 인생이 컬러풀하게 해주세요. 그렇게 해주면 평생 은인으로 모실게요.

언덕 위에 하얀 집 짓고
집들이하고
여행하고
가슴을 드러내고 다니는
컬러풀한 형을 5년 동안이나 봤다.
그리고
형은 떠났다.
5년 즈음에.
형은 바람이었고
나는 눈물이었다.
4월이 저문다.
파종하고
바야흐로 봄의 한가운데로 진입한다.
지독하게 살아갈 때 곁에 있는 사람은 누구일까?
둘러보니…… 하물며 있다.

그런 사람들이.

…… 그래서 나는 살 수 있다.

세상에서 내 편이 되어주던 단 한 사람이

내게 있다.

당신은 그런 사람을 가졌는가?

당신이 바람이라면

나는 눈물이다.

팽이의 온도 12℃

# 엄마의 손

엄마의 손에는 생명이 흐른다. 어떤 작물도 엄마의 손이 닿으면 생기를 띤다. 엄마의 손에 생명이 모이기까지 엄마의 두 다리와 눈물과 땀과 새끼의 먹이를 확보하려는 악다구니 시간이 필요하다. 팔순을 바라보는 엄마가 펄펄 끓는 팥죽 속 옹심이처럼 콜록거린다. 이제 두 다리 뻗고 잠을 청해 깊은 잠을 자도 좋으련만…. 잠을 청하기까지 온몸의 신경 마디마디가 쑤신다. 평생 내뱉지 못한 말과 억울함과 분노와 포기할 수 없었던 순간들 속에 또 하나의 생명줄인 자식들이 푸릇푸릇

자라고 있기 때문이다. 오랜 가뭄이 계속되던 어느 여름날… 가뭄에 잎부터 꽃술까지 웅크리고 파들거리는 자식들을 보고 있을 수 없어 느슨한 뼈마디로 천리 길을 물을 이고 날랐다. 엄마가 흘린 절반의 물은 눈물과 땀이었다. 어느 순간부터 자식들은 엄마의 눈빛만 봐도 알았다. 어떻게 살아가야 하는지…. 포기하면 엄마가 어떤 마음일지, 시들하면 엄마의 손이 얼마나 더 분주해질지, 그 실핏줄이 핏대를 얼마나 곤두세워 몸부림칠지 자식들은 알게 되었다.

자식들이 결코 알 수 없는 것들이 있다. 엄마의 서운한 마음이다. 엄마의 손은 그런 생각이 들 때마다 손톱 옆 살을 뜯거나 손톱 아래에 피를 내 흙을 쏟아붓거나 그것도 모자라면 당신의 입을 틀어막아 삭혔을 것이다. 그래서인지 엄마의 손이 닿은 작물들은 악착같다. 눈을 부릅뜨고 가뭄에 오그라든 몸을 바들바들 떨면서도 어깨가 처지거나 결코 시들하지 않다. 혹시라도 거리로 나서서 엄마의 손을 잊고 존귀한 생명을 제풀에 내동댕이친 자식이 있다면 엄마의 손망치를 기억하라. 엄마의 손을 놓고 집을 나서면 비로소 보인다. 움직이는 자의 길로 들어섰는지, 자폐의 길로 들어섰는지. 20살이 되어서도 엄마 주위를 맴돈다면 자폐의 길로 들어선 것이 틀림없다. 엄마는 그런 자식을 위해 곱은 손을 모아 빌고 또 빌 것이다. 모두 자기 잘못이라고. 엄마의 곱은 손은 꼭 쥐면 망치가 된다. 엄마는 그 망치로 손톱을 으깨 봉선화 물을 들일 것이다. 첫눈이 올 때까지 당신이 살아 있을지 기약할 수 없지만 엄마는 손톱에 붉은 피가 솟을 때 비로소 멈춰 서서 당신이 여자였다는 사실을 알아챌 것이다. 돈, 권력, 여자에 아무리 끌려도 여자에서 엄마는 제외했으면 좋겠다. 엄마의 망치 손은 여자의 것이 아니기 때문이다. 엄마의 손은 생명을 파괴하는 자폐를 용납하지 않는다. 엄마의 손은 생기와 성장 쪽이다. 엄마의 손을 기억하지 못하면 돈도 권력도 모두 허사다. 생명이 없는 권력이나 재물은 엄마의 트라우마다. 저기 엄마의 손에 자란 작물들이 검푸르게 흔들린다. 엄마의 손은 흙에 점점 가까워지고 자식들은 모두 흙을 떠나려고 하는데 저 멀리서 엄마가 손짓하며 말한다. '뒤돌아보지 말고 가거라. 농작물 같은 내 새끼들아.' 여름 초입 장둥밭가에서 엄마의 손이 가뭇가뭇 흔들린다.

팽이의 온도 13℃

# 그녀의 눈썰미

'저… 포스트잇 어디 있나요?'

'네, 5번 캐비닛 위에서 두 번째 작은 서랍 가운데 보세요.'

클립 하나를 찾을 때도 '클립 어디 있는지 본 사람 있나요?'라고 말하며 '여기 어디서 본 것 같은데….'하던 종전의 어수선함이 사라졌다. 행남자기 찻잔 20개, 과일 접시 10개, 화려한 과일용 크리스털 접시, 포크, 차 스푼, 중구난방 구석구석에 박혀 숨은 20여 년의 누적된 용품들이 먼지와 함께 쌓여 있었다. 꺼내 보니 모두 아까웠다. '아무리 좋은 것도 쓰지 않으면 쓰레기예요.' 그녀의 단호한 한 마디였다. 나는 그릇을 카트에 싣고 분리수거장으로 향하며 많은 생각을 했다. 그녀의 서슬을, 그녀의 식단과 간식과 생활 속에 체화된 나눔과 배려, 청결함과 정결한 고독, 티 없는 기쁨과 산뜻한 자아를.

그녀의 식단은 꽁보리밥에 엄마가 보내준 땅더덕, 된장, 취무침 등이다. 기침을 멈출 요량으로 시작한 간 해독요법으로 식단을 전부 바꿨다. 장어를 포함해 장어를 닮은 생선과 날개 달린 고기는 먹지 않는다. 술, 담배를 포함한 일체 잡기를 하지 않고 묵상과 기도가 최고의 기쁨인 남편은 평생 진리를 찾아 헤매다가 지금 그녀 곁에 도달했을 것이다. 자아가 죽지 않으면 방황은 멈추지 않아요. 신앙은 전쟁이죠. 참 신앙인에게 지루하거나 재미없는 일상은 없어요. 오히려 쓸모있는 것들로 꽉 채워지죠. 버리지 못한 자아는 그럴듯한 그릇들이 주방에서 자리만 차지한 것과 같아요. 자아의 모습이 그렇죠. 일상에서 행동 실천으로 이어지지 않는 그럴듯한 언사와 깨달음, 결단은 모두 거짓이고 기만이죠. 적어도 내가 살아본 바로는 그

래요.'

'신앙생활은 무엇일까요?'라고 넌지시 묻자 그녀는 이렇게 대답했다. '주님은 돈의 자리에 계세요. 그 점을 깊이 묵상해보세요. 그 길이 신앙의 길이죠. 말씀은 창세기 1장과 요한계시록까지 모두 같아요. 창세기에 모든 말씀이 들어 있죠. 사람들은 돈을 주면 반색하죠. 그러나 복음을 주면 난색을 표하죠. 말씀 대신 돈을 선택한 거죠. 돈의 자리에 주님이 계신다는 말은 그런 의미입니다. 주님인지 돈인지 자아 앞에서 분명히 선택하는 것을 신앙생활의 전부로 보시면 됩니다. 하나만 보면 알 수 있어요. 재물을 기쁘게 드리는지, 세상에서 지은 죗값의 면죄부용으로 드리는지. 주님은 더러운 돈이나 적선하는 돈은 원하지 않으세요. 교회도 그것을 거르지 않으면 사람의 성전에 불과하죠. 감사하는 마음이 헌금으로 직결되지 않으면 주님 대신 돈을 선택한 거죠. 많은 신앙인이 두 마음이죠. 간단해요. 순종하지 않으면 주님 대신 버리지 못한 자아를 선택한 거죠. 물론 그게 일상에 묵상에 모임에 삶에 녹아드는 게 신앙인의 길인데 멀고 험난하고 고독하고 기쁘고 외롭고 거룩한 길입니다. 사람으로 살면서 도달할 수 있

는 지점은…… 내가 본 바로는 그래요.'

길을 걷다가 우연히 눈이 활시위처럼 살아있고 미소에 빛이 번뜩이지만 행동에 여유와 평온함이 느껴지는 사람이 보인다면 그녀일 것이다. 자아가 정결하게 정돈된 그녀를 만나고 싶다면 각자의 거울 앞에서 그녀가 성전에서 세상에서 말없이 하는 일들을 조용히 묵상해보면 될 것이다. 그녀의 걸음걸이는 신발 소리가 나지 않지만 물 흐르듯 유려하고 빠르다. 귀를 사납게 하는 딸깍이 신발을 아예 신지 않고 학처럼 걷기 때문이다. 그녀의 당겨진 눈썰미는 흩어진 자아를 빨아들이고 있다. 그녀들은 세상 구석구석에 포진하고 있다. 6월의 장미, 그 산뜻한 낙화처럼.

팽이의 온도 14℃

# 잔설, 낮달 그리고 사람책

잔설 속 저 매미 껍질, 올해 매미가 돌아올 것이다. 아니, 7년 후 그 새끼들이 오겠지. 그 매미는 그해 여름 죽었을 테니. 7년 동안 몇이나 살아날까? 모두 살아나 흐드러지게 울 것이다. 생명력은 울음이 살리니까. 여름 한 철을 지배하는 울음통. 잔설 위에 낮달이 떴다. 잔설은 땅속 깊이 스며들 것이다. 시린 겨울의 뿌리가 마실 것이다. 그래서인지 잔설은 기쁘다. 죽음이 기쁘고 사라짐이 기쁘고 지금까지 살아 이 진창 계곡에서 굽어보는 세상이 좋다. '아무렴!' 낮달이 말했다. 낮달과 잔설의 눈이 마주친다. 낮달이 얼굴을 붉힌다. 아니, 노을이다. 노을이 있었군. 저물녘 눈부신 노을이 낮달을 깊숙이 안아준다. 저들의 조우를 바라보는 눈에 물기가 서린다. 잔설이 녹아드는 소리가 들린다. 잔설은 머리만 남아 어둠에 묻힌다. 밤새 무슨 일이 일어날지 아무도 모른다. 산등성에는 소리 없는 흐름이 밤새 이어질 것이다. 연휴 기간에 만난 혈육들은 또 저 각질의 도심 한가운데로 질주할 것이다. 신종 Virus는 있다. 하지만 그건 이름뿐인 신종이다. 하물며 나를 비우지 못한 인간 Virus는 원죄로 서식하고 번성해왔다. 버티는 잔설의 에고보다 더 치명적인 에고. 잔설, 낮달, 사람책이 봄밤을 수놓기 시작했다. 곧 백신이 나온다는 소식이다. 책을 읽지 않는 자들에게 Virus는 효과가 없다는 슬픈 소식과 함께.

팽이의 온도 15℃

# 책 쓰는 사람들

바야흐로 책 쓰기 열풍이다. 책을 안 읽는 이 삭막한 시절에. 종이에 새겨진 한 글자 한 글자가 기도가 되려면 선혈이 낭자한 피로 써야 할 터다. 걸작과 걸레의 차이는 정직과 기만의 차이가 전부다. 30~40년 동안 방치한 근육, 치열하게 열심히 살아왔지만 놓친 것이 있다. 수강생들이 털어놓는 공통적인 말이 있다. 열심히 살았는데 '잘 살고 있는지'는 모르겠다. '나는 누구인지, 어디로 가고 있는지, 이렇게 사는 게 맞는지' 모르겠다는 것이다. 정답을 요구한다. 이때 '정답은 없습니다. 다만…'이라고 답하면 무난하다. 그러나 이것은 답이 아닌 회피다. 답은 믿거나 말거나 이렇게 되묻는 것이다. '음, 당신은 줄 것이 있습니까?' 돈이든 어깨든 시간이든 노동이든 하다 못해 경쟁자에게 주는 수용, 노숙인에게 줄 침낭, 반성의 기회를 선사할 복수… 무엇이든. 아니면 많이 아프면 내가 누군가를 아프게 하지는 않았는지 돌아보는 거울 반영이라도.

종류를 불문하고 나를 제외한 주변에 기꺼이 줄 것이 있는지에 대한 답변. 안정된 직업에 있는 사람들의 행보는 위험수위다. 자신이 선택한 직업에서 자신을 기만한다. 무임승차할 수만 있다면 끝까지 외면하며 최선을 다해 피하려는 모습들이 곳곳에서 감지된다. 내 것은 한 줌도 내줄 수 없다는 장인정신. 그래서인지 민원이 끊이지 않는다. 하물며 이런 말까지 듣자 내 귀를 의심했다. '학부모 자원봉사, 교직원 70명이 한 명도 원하지 않아요. 봉사라고 왔다가 괜히 학교 흠을 들추고 염탐할까 봐.' 염탐을 두려워할 만큼 자신이 없다는 말인데 그러면서도 너무너무 바쁘고 힘들다는 말을 입에 달고 사는 사람들이 있다.

바늘과 실, 단추를 손에 들고 파티에 가야 하는데 파티복 단추가 떨어져 너무 바쁘다며 이리저리 뛰어다니는 사람들….

분주함은 내가 스스로 선택한 일을 더 잘하기 위한 분주함이 마땅하다. 너무 바빠 아이를 상담할 시간이 없다고 말하는 교사가 있다면 그는 스승이 아닌 자기기만에 빠진 직장인이다. 그 바쁨의 동선에 있는 것은 무엇이고 없는 것은 무엇일까? 자신의 선택에 대한 대답을 다른 사람의 입을 통해 확인하려는 사람들이 위험 수위다. 물론 그런 자들은 한결같이 책을 읽지 않는다. 너무 바빠 책 읽을 시간이 없는 것이다. 그렇게 쫓기고 쫓겨 20여 년을 살다가 궁지에 몰린 사람들이 책을 쓰기 위해 모여 있다. 책 쓰기 열풍을 통해 매일 조금씩 성장하고 내 주제를 파악하고 변화를 경험하고 허황된 희망이길, 자신의 진면목을 찾는 기도이길 바라며 5주 차까지 왔다. 멘토께서 말씀하셨다. '병을 고치려면 의사가 되고 돈을 벌려면 장사를 하고 명예를 얻으려면 금배지를 달고 머리가 되려면 꼬리를 꿈꾸고 사람을 기만하려면 사기를 치고 사람을 죽이려면 총을 잡고…….

책을 읽지 않는 민족은 미래가 없다. 기도가 안 되는 책 쓰기는 허황된 망상이다. 그래서 기도하는 매 순간이 '당신이라는 사람책'을 완성해가는 과정이길 희망한다. 부디 시간을 잡아채 당신이라는 작품을 완성하시기를. 영화 〈셰인〉의 마지막 장면처럼 십자가를 향해 유유히 걸어가 주시기를. 총집은 풀어두시기를. 등이 가렵다. 봄기운이 물씬하다.

팽이의 온도 16℃

# 아버지의 강

'아버지, 내가 당신을 계속 걱정해도 될까요?'

'여기서 뭐하냐? 종소리 못 들었냐?' 싸리나무 회초리가 사선을 갈랐다. 왼쪽 눈자위에서 시작해 콧잔등과 입술을 지나 오른쪽 사타구니를 지나는 일격. 눈먼 아버지의 일생에서 제대로 한 거라곤 이 가격뿐이라고 생각한 것은 10년 후 아버지가 돌아가신 뒤였다. 아버지를 지하 4.7m에 묻고 황토를 덮고 나서 아버지 친구들이 말했다. "서슬 퍼렇더니 얘 이렇게 묻으니까 꼼짝 못하네." 아버지는 군 생활 도중 맹장염에 걸렸다. 군에서 보면 골칫거리였을 것이다. 6 · 25전쟁이 끝나고 어수선한 병영 한가운데… 가뜩이나 바쁜데 수술환자라니. 간부들은 머리를 맞대고 회의를 이어가다가 문득 보내자는 결론에 이르렀다. 신속히 면피용 서류가 꾸며졌다.

뒤탈이 없는 것이 1순위였다. 맹장염에 걸린 병사가 절뚝이며 500m가량 초소에서 벗어났을 때 빵떡 한 조각과 물통을 들고 따라오던 초병이 말했다. '여기까지야. 지금부터는 네 몫이야. 객사해도 뒤돌아보지 마. 네 군대생활은 500m 전에서 끝났어.' 위병소 병사는 용변을 마치고 호박잎으로 밑을 씻는 도둑놈처럼 서둘러 돌아갔다. 병사는 맹장이 터졌다. 피가 흐르는 줄도 모른 채 며칠을 걸어 동네 어귀에서 초주검이 되어 쓰러졌다.

늦겨울 개울 얼음을 깨고 빨래 방망이를 두드리던 아낙들의 엉덩짝 뒤 풀섶에서 신음소리가 들렸다. 빨래하던 아낙 한 명이 유독 연민의 마음으로 '털썩' 소리를 들었고 그때 우리 형제의 앞날이 결정되었다. 그로부터 5년 후, 그 사내는 회복되어 둘은 결혼했고 자식들이 하나둘 3~5

년 간격으로 태어났다. 새끼들은 부모의 애를 태우고 가끔 궁지도 주며 자랐다. 자식들은 부모를 하나씩 잃고 부모가 먼저 자식을 잃기도 했다. 돌아보니 아버지가 그날 왜 그렇게 화가 났는지 알 것 같다. 아버지는 자식들이 제 손으로 밥을 퍼먹을 즈음 실명했다. 생명을 우습게 여기는 의사가 말했다. '군에서 이미 예정된 일이야. 맹장의 후유증이 다는 아니고.' 그는 이유 없이 화를 내며 말했다. 실명 후 아버지는 본업에 충실했다. 그 본업은 사람들이 아는 본업이 아니었다.

## 시조

'백제문화제 시조경창 대회'

아버지는 매년 5월만 되면 굉장히 신이 났다. 대회 두 세 달 전부터 이어진 연습……. '청사안리~ 벽계수야, 수이감을 자랑 마라~ 아암마도오오오….' 사랑방에는 밤새 술과 안주, 선창과 후창이 이어졌다. 아버지는 명색이 시조 선생이었다. 매년 대상을 독식하는 아버지를 친구들은 선생으로 모셨다. 그렇게 후반기 5년여 동안 동네친구들을 거느리고 생의 절정기를 보냈다. 생의 마지막 단계에서 아버지가 깨달은 것이 있다. '풍류는 식구를 거느린 자가 할 짓이 아니다. 내 새끼는 절대로 이렇게 키우지 말자.' 아버지는 식솔들에게 무책임하고 가혹하고 냉정했다. 돌아보니 아버지의 화는 자신을 향한 것이었다. 아버지의 시조 소리는 깊은 가을까지 이어지다가 첫눈이 내리던 날 멈췄다. 나는 아버지 정도는 넘어서려고 죽어라 견디며 살았다. 때로는 '어때요?'라며 자랑하고 싶었고 때로는 이런 꼴 안 보고 가 다행이라고 생각했다. 하지만 나는 아버지와의 약속을 지키지 못했다. 풍류, 나는 자식을 거느린 자로서 풍류를 버리지 못했다.

싸리나무 가지의 스트로크(stroke)는 강렬했다. 나는 그것을 빌어먹을 예술가의 광기라고 아버지를 치켜 세웠지만 잠시 아버지의 피에 물든 나약한 내 오지랖이었다. 끼니 정도는 감당한 또 하나의 나는 이렇게 말했다. '그건 식구들 허기를 건사하지 못한 자에 대한 지나친 찬사야. 허기도 외면한 자야! 예술 따위는 죽이나 쒀먹으라고 해!' 나는 어느 편에도 기울지 못하고 상처를 어루만지며 살았다. 30년 전 지렁이와 같던 아버지의 힘줄은 장구와 북으로 단련된 힘줄이었다. 아버지는 가끔 장구와 북채 대신 날씬한 싸리나무 가지를 들었다.

'너 뭐하냐? 피는 물보다 진하다는 것도 모르냐?' 아버지, 내가 당신을 계속 걱정해도 될까요?

팽이의 온도 17℃

# 버려야 할 아홉 가지

무례함, 미안함, 서운함, 후회, 연민, 궁상, 막연한 희망, 집착, 눈물. 버려야 할 이 아홉 가지를 써놓고 우두커니 바라보니 눈물부터 난다. 이번에는 이렇게 다시 써본다.

'산다는 건 아홉 가지를 버리지 못하고 기워 쓴다는 것. 그 자투리를 주머니에 숨겨도 삐져나오는 것. 그걸 만지작거리는 나. 그걸 쉽게 못 버리는 나. 그를 찾아내 자꾸 강물에 던지는 것. 고기에 낚이는 강태공이 된 나를 가만히 들여다보는 것. 미늘에 걸려 퍼덕이는 나를 바라보는 것. 입술이 찢겨 몸부림치는 나를 보고 엉엉 우는 것. 울다가 멈춰버리는 연습을 멈추지 않는 것. 눈물을 머금고 애쓰는 것.'

산다는 건 후회스럽고 미안하고 서운하고 연민이 솟고 집착하고 막연한 희망을 품고 궁상맞고 무례하고 눈물이 나는 것. 산다는 건 기대와 실망 사이를 산들바람처럼 오가는 것. 산다는 건 그걸 알면서도 걱정을 멈추지 않는 당신을 사랑하는 것. 어느 순간부터 내가 자꾸 어려운 일을 해낸다. 요즘 더 두드러진다. 아니, 조금씩 된다. 이유가 궁금하지만 막연한 희망을 키울까 봐 생각을 멈춘다. 되돌아볼까 봐. 그 뒤로 기다렸다는 듯 집착, 욕심, 무례, 서운함, 겨우 벗어던진 교만이 좀비처럼 되살아날까 봐 서둘러 멈춘다. 그래서인지 좀비, 피범벅, 대량살상, 무자비가 대세인 시대다. 영화든 드라마든 그래야 관심을 보인다. 모두 바빠 그럴 것이다. 이 아홉 가지에 빠진 사람들이 유난히 바쁘다. 대략 난감이다.

작년 이맘때 호명했던 사람들이 있다. 이유를 묻지 않고 응했던 사람들이 감사의 글에 등재되었고 나인 홀(9계명)에 빠져 다음을 기약하던 자들은 올해도 만나지 못했다. 우물쭈물하다가 내 그럴 줄 알았다. 새삼 신축년을 기약해야 할 터다. 산다는 건 다만 지금 여기서 호명한 것들이다. 그 호명에 감응한 것들이다. 산다는 건 다만 지금 여기서 보고 듣고 만지고 느끼고 그것들이 차고 넘쳐 주체할 수 없어 써지는 것들이다. 나는 여기 살아서 조금씩 어려운 일들을 해낸다. 다만 오늘 지금 여기서 아홉 개 좀비, 급소를 노려보며……. 갑자기 한파가 몰려온다. 갑작스러운가? 지금까지 '~답지' 못했을 뿐이다. 겨울이 겨울답지 못하면, 각자 자기 자리로 돌아가지 못하면 허둥지둥 바쁠 뿐이다. 자기답게 사는 사람들이 그렇게 섹시할 수가 없다. 그들은 하나같이 버려야 할 아홉 가지 위에서 균형을 잡으며 외줄타기를 하는 사람들이다. 그러므로 이 아홉 가지는 균형추다. 오늘 지금 여기 살아있는지 죽었는지 가늠하는 균형추.

팽이의 온도 18℃

# 내 사랑 보름 딸

어느 순간부터 나를 추월하기 시작했다. 35명 중 32등 할 때부터. 수학 우열반 페르마 반(오일러 반인가? 어쨌든 최하급 반인 것은 분명했다) 친구들과 10년 넘게 지속되는 우정을 보고 중학교 때부터 박물관에서 인턴(그 아이 말로는 프리랜서)으로 일하는 게 꿈이라고 말할 때부터 그 성적에도 학교가 너무 재미있다는 그가 내 딸 보름달이다. 중학교 1학년 첫 성적표를 받고 '휴!' 긴 한숨을 내쉬며 모로 누워 있던 쪽머리 뒤통수. 가슴 철렁했던 보름달은 지금 자기답게 원하는 일을 해나가고 있다. 일터에서 지독한 인간을 만나 삶의 뿌리가 흔들려 의기소침할 때가 있었다. 아이는 조용히 술 한 병과 안주를 준비해놓고 이렇게 말했다. '힘들어? 그럼 쉬어요. 나는 아빠면 되니까. 아무도 대체할 수 없는 사람으로.' 고등학생 때 같은 반 친구가 SKY랑 수도권 명문대에 갔다는 소식이 부러워 에둘러 '너는 기분이 어때?'라고 묻자 '어떤 기분? 나 좀 바쁜데 뭔지 설명해봐요.'라고 대답했다. '아니, 같은 반 친구가 명문대에 갔다는데 기분이 어떤지?' '그게 내 기분이랑 무슨 상관이에요? 아니, 친구를 부러워하거나 무시해서가 아니라 '그런가 보다' 그 이상도 그 이하도 아닌데 내 기분을 왜 다른 사람에 맞춰요? 이해가 안 가네.' 그 순간 나도 딸이 이해되지 않았다. 뜬금없이 '내가 뭘 잘못했나?' 의문이 들기까지 했다. 어느 순간부터 딸은 궤도에서 벗어나지 않는다. 그녀의 궤도는 점점 견고해지고 단단해지고 여유로워 보인다. 딸은 나를 추월하고 있다. 이래 봐도 11쇄, 3만 명 이상 독자가 읽은 책(《말주변이 없어도 대화 잘하는 법》)인데 이왕이면 그걸 들고 등 · 하교하면 좋겠다고 넌지시 말한 적이 있다. 《히카노 게이코》나 《밀란 쿤데라》를 들고 다니길래. '아빠라는 이유만으로 내 스타일이 아닌 책을 읽어야 하나요? 억지로 맞출 필요도 없고요. 어느 날 우연히 끌리면 읽는 거지.' 딸은 지금 방 걸레질을 하고 운동하러 나갈 채비 중이다. '이러고 가면 엄마가 덜 힘들 거야.'라는 말을 서부영화의 셰인과 같이 남긴 채.

나는 그래서 죽어라 산다. 책을 쓰고 박사 논문을 준비하고 노숙인들에게 줄 의사소통 카드와 간식을 주저리주저리 챙겨 들고 얼핏얼핏 그 아이에게 못해준 것들이 미안하고 민망해서다. 분명하지는 않지만 딸은 그런 나를 간파하고 이렇게 말할 것 같다. '아버지가 정신차려야 할 텐데. 더 가벼워져야 할 텐데….'라며. 어쨌든 '나는 적어도 나다.'라고 호기를 부려보는데 보름달은 이런 나도 읽어버린 듯하다. "너는 누가 더 좋냐? 아빠하고 엄마 중에."

"그거 대답 알고 묻는 거지? 당근 엄마지. 엄마는 보여주기만 하지 물어보진 않거든." 모름지기 나는 '내사랑 보름 딸'의 애비다!

팽이의 온도 19℃

# 고흐에게

아문 상처가 덧나지 않았는지, 가위눌림, 구토, 그리움, 어지럼증, 환상, 친구에 대한 애증, 당신을 온통 어지럽히던 재회의 꿈은 안녕한지? 그리고 그림은 잘 팔리는지? 트럭 속에서 풍겨오는 물감, 신나, 라면, 페인트 냄새가 질주하는 차량에 흩어진다. 담장 너머 목련 꽃망울이 벙글어간다. 나는 핸들에 턱을 고이고 졸고 있는 당신의 색색의 물감에 찌든 옷소매와 물감투성이인 트럭과 당신의 쇄골이 드러난 셔츠 윗주머니에 꽂힌 담배와 그것만으로 겨우 화가임을 알아볼 수 있는 밤색

솥뚜껑 모자와 긴 하루를 본다. 틀림없이 100년 후에나 겨우 빛을 볼 작품이 숨어 있을 것이다. 님이나 나를 포함해 이 순간의 우리가 모두 사라진 후의 일이겠지. 어쩌면. 명작, 명품, 명화, 명곡, 명연주, 명성, 명예는 모두 진품일까?

뉘엿뉘엿 어스름이 내리면 주섬주섬 도로변에 10m도 넘게 배열한 그림들을 챙겨야겠지. 나는 알 수 없다. 당신의 오늘은 어땠는지. 그러나 당신의 저녁은 틀림없이 고흐와 닮았을 거라고 생각했다. 어쩌면 더 행복할지도 모른다고 생각했다. 당신이 수국을 그렸기 때문인지도 모르겠다. 오늘 당신의 해바라기가 유난히 눈부시다. 경비 아저씨의 잔소리와 성가신 호루라기 소리를 피할 수 있는 변두리나 차가 '휙휙' 달리는 대로변 전시회를 어둠이 하나둘 삼키고 있다. 오늘 따라 화폭이 유난히 무겁다.

벗님! 어떻게 지내시는지? 재난의 시간이다. 뿌리가 통째로 흔들린 느낌이 들어 안부를 묻는다. '인간의 참된 선의는 아무 힘도 없는 사람들에 대해서만 순수하고 자유롭게 베풀 수 있다. 짐승만큼 순수하고 약한 대상에 대한 태도에 그 인간의 성품이 있다.'라는 말이 목에 걸린다. 매 맞는 말을 끌어안고 하염없이 울었다는 니체의 영혼이 육신을 비집고 나온 담벼락 너머로 하루 해가 저문다. 밤이 되면 화가는 롤스로이스를 타고 서울 한복판 대리석으로 지은 미술관으로 자리를 옮기는 꿈을 꿀지도 모른다. 당신의 작품들에 사람들의 욕망과 에고를 라카로 뿌려 라벨을 붙이고 인장을 찍으면 눈부신 전시회가 열릴 것이다. 눈부신 전시회…. 당신 눈은 덧난다.

오늘 짐승만도 못한 꼴을 봤다. N번 방의 텔레그램, 관음증, 부도덕, 탐욕. 썩는 냄새가 진동하는 몰염치한 방들. 바쁠수록 위급할수록 약한 대상에 대한 태도가 잔인해지고 탈출구는 모호해진다. 그러니 한 번쯤 그에게 물어봐야 했다. '그림은 잘 팔리는지, 밥은 먹었는지?' 지금 마음이 어떤지, 어떡해야 좋을지.

벗님! 나는 오늘 묻지 못하고 발길을 돌렸어요. 왠지 한때 그가 나를 기만했던 기억이 되살아났다. 나의 걱정을 허투루 여긴 채 꿈을 포기하지 않은 기만. 나는 과연 얼마나 걱정해주는 사람일까? 어쩌면 그의 예술혼은 나를 기만한 것이 아니라 물어보지도 않고 돌아선 나의 선입견과 섣부른 판단에 대한 복수일지도 모른다. 문득 벗님이 그일 거라는 생각이 떠나지 않는다. 꽃이 잎보다 먼저 피었다. 어디선가 울부짖는 소리가 들려온다. 내 몸 어딘가 아프다면 그건 누군가를 아프게 한 탓이다. 벗님! 강령하시고 이 힘든 터널을 잘 이겨냅시다. 당신이 말한 대로 당신이 작품이 될 때까지.

팽이의 온도 20℃

# 노숙, 술, 친구 그리고 사람책

책을 읽지 않는 선진국은 없다. 지하철, 버스, 그 흔한 카페에서 우리는 손에 책을 든 사람을 찾아볼 수가 없다. 깊은 성찰을 앗아간 휴대폰에서 우리는 반드시 빙산을 만날 것이다. 그때는 정말 춥고 시리고 막막할 것이다. 배터리가 닳아 없어진 휴대폰 앞에서 망연자실, 외딴섬이 된 퀭한 눈을 감으면 무엇이 떠오를까? 자기 연민과 불안, 초조, 영혼이 메말라가는 소리가 들려올 것이다. 700원짜리 삼중당 문고가 정의와 용기, 움직이는 자들의 영혼을 키워낸 시절이 있었다. 엄마가 죽었다. 그건 내 잘못이 아니었다. 저녁밥을 먹은 전경들이 대오를 지어 청와대 쪽 골목으로 달려갔다. 인왕산 치마바위가 비에 젖어. 온몸의 세포를 관통하는 희한한 두근거림에는 각별한 정취가 있었다. 그것은 인생 총결산에 필적할 만큼 격렬한 꿈을 꿨을 때와 같은….

30년 된 친구를 수채 구멍에 버렸다. 동년배 경쟁자임에도 나는 알코올 중독을 극복해야 할 관리대상자이고 그는 센터 관리책임자로 만났어도 기뻤다. 동료들에게 겁도 없이 친구 자랑을 했다. 친구여서 자랑스럽기까지 했다. 7년 후 아직 버티는 나는 나를 지탱해준 책 한 권을 썼다. 반응은 칭찬과 독설이 섞여 있었지만 대부분 읽어준 독자들이었다. 나는 심장과 맞바꿀 만큼 피로 썼다. 영혼도 흔들릴 만큼 내 글을 닮기 위해 버텼다. 죽음의 그림자가 아른거리면 연기를 뿜어내면서도 알코올 냄새는 절대로 맡지 않았다. 알코올은 세상을 하직할 때 딱 한 사람과 마실 거여서 남겨두기로 했다. 금단현상이 올 때마다 친구와의 마지막 한 잔을 위해 버텼다. 영혼의 동반자인 술을 책으로 바꿔치기한 건 미친 짓이었지만 그래서 미친 곳이 바로 영혼의 호수였다. 한 권의 책은 인생의 그릇이고 꽃이 만발한 꿈의 정원이다. 사발꽃이 만발한 유리 도서관이다. 지옥에서 겨우 살아난 건 책 덕분이었다. 친구를 수채 구멍에 버렸다. 딱 한 사람, 그 친구가 책을 읽지 않고 애써 외면했기 때문이다. 나는 수채 구멍에 친구와 함께 마지막 술 한 잔도 버렸다. 다 친구 덕분이다. 그래서 우정은 영원하다고 말하는 것 같다. 아무도 피할 수 없는 예측불허에 정면으로 맞서기 위해서는 영혼이 아니면 어림없을 것이다. 친구가 있으면 물어보자. 친구의 책을 읽고 감응을 돌려준 적이 있는지. 하물며 친구 몰래 책을 몇 권이나 사 좋은 사람들에게 조용히 자랑한 적이 있는지. 깊은 감동을 준 책이 한 권은 있는지. 친구를 만날 때 그 책을 술잔 대신 슬며시 권하는지. 아니면 애써 외면하며 술이나 처먹으라고 윽박지르는지. 책을 읽지 않는 국민은 이런 부류의 백성이다. 하물며 입은 열되 지갑을 열지 않는, 아직도 책 한 권 읽지 않는 감옥의 그들을 찍었던 사람들이다. 문득 친구와의 한 잔이 그리운 저녁이다.

팽이의 온도 21°C

# 달마가 동쪽으로 간 까닭은?

#1. 마루야마 겐지는 말했다. '제대로 된 어부는 언젠가는 바다 밑으로 가라앉는다.' 글쟁이는 바람과 달과 별과 칼춤을 추는 사람이다. 문득 칼로 허공을 가르다가 심장 언저리에 치명상을 입으면 바람처럼 사라지는 법이다.

#2. 사람을 믿었다가 서운함, 분노, 수치심, 죄책감, 자부심, 우울함, 슬픔 중 하나라도 일어난다면 깨달아야 한다. 인생의 봄날이 저물고 있음을… 사람은 사랑의 대상일 뿐 믿음의 대상이 아닐진대.

#3. '다음 주, 다음 달, 다음 해, 5년 후, 돈을 벌면, 아이가 반듯이 자립하면, 문제가 더 이상 나를 혼탁하게 하지 않으면, 여유가 생기면, 시간이 나면'이라고 습관적으로 미룬 자유. 그 자유를 미뤄두고 스스로 감옥을 만든 사람들은 이렇게 말한다. '내가 다시 태어난다면'

#4. 변화의 흐름, 동력 그리고 TOOL

① 나는 누구인가? 왜 여기에 있는가?

② 나는 왜 살아가는가?

③ 어떻게 살아갈 것인가?

④ 참 나를 알아채고 세상 밖으로 행진하라.

다름을 인정할 때 비로소 변화가 시작된다.

#5. 문제가 있는가? '문제가 없는 사람은 경기에서 제외된 사람이다.'

#6. 힘들고 지치는가? 내가 지금 무엇을 하고 있는지 이해할 수 없는가? 자유는 이해하는 것이 아니라 자유하는 것뿐이다.

#7. 자유, 꿈, 행복, 성공, 소망, 목표, 이런 것들을 어떻게 얻을 수 있는가?

#8. 유일한 방법은 사람을 얻는 것뿐이다.

#9. 피아노는 8음계와 88개 건반뿐이지만 피아니스트에게 중요한 것은 건반이 아닌 원리다. 이것이 시스템이다.

#10. 시스템의 8단계는 다음과 같다.

① 꿈과 목표

② 열정

③ 만남(꿈이 없는 자, 꿈이 있는 자, 꿈이 있을 자)

④ 효과적인 만남

⑤ 성공적인 사업설명회

⑥ 후속 지원(의식 유지작업, 행동화)

⑦ 스폰서(코치)와의 상담

⑧ 성공을 위한 조건은 세 가지뿐이다.

가. 사람을 다루는 기술을 습득하는 것

나. 사람을 얻는 것

다. 그가 행복해지도록 돕는 것

#11. 만남은 사건이다. 하물며 '진짜 자신'을 만나 내가 얼마나 많은 타인 덕분에 행복한지를 알아차린다면 그는 조나단이 도달한 곳, 겐지가 본 것, 예수님이 전하신 것, 간디가 인내한 것, 링컨의 마음속 울음, 마하리쉬 바가반이 침묵한 것, 이순신의 술잔과 김훈의 자전거에 도달해 있을 것이다. 달마의 뒷모습이 초록 능선을 넘어 오두막을 지나 깊고 푸르게 멀어져간다.

팽이의 온도 22℃

# 배꼽이 뜨거워 눈물이 났다

지금 만나는 사람들은 모두 마음껏 울다가 간다. 약속을 어긴 굶주린 여우 가족의 장녀처럼…. 누나답게 한 말에 책임지는 정도는 살아보려고 했는데 도저히 참을 수가 없었다. 지독한 허기. 허기에 지친 동생들이 쓰러져 잠들었을 때 얼음 밑에 숨겨둔 살점을 딱 한입 베어 물었다. '싱싱한 피, 상큼하고 매혹적인 식감, 영혼이 휘청이도록 허기 속으로'라는 말들이 저절로 흘러나왔다. 이제 아무것도 상관없고 죽어도 여한이 없다. 입술에 묻은 피 냄새를 막내가 맡고 핥으며 울었다.

‘언니, 사랑해.’ ‘정말 죽어도 여한이 없을까? 동생들이 깨어나면 무엇을 물어볼까? 막내는 무슨 말을 할까? 나는 뭐라고 대답할까?’ 생각하다가 방금 전에 떠난 그녀 못지않게 울었다. 배꼽이 뜨거워 눈물이 났다.

3장

# 봄의 성찰

(5월의 노래)

**팽이는 온몸이 굼실굼실하다.**

팽이는 먼 들판을 바라보며 대지의 온기를 느낀다. 긴 겨울을 건너왔다. 다시 돌아갈 수는 없다. 저 대지의 온기를 몰고 오는 섭리를 거역할 수는 없다. 4월에는 겨울을 버텨낸 자들만 움직인다. 나를 돌아보고 아직 온기가 남은 씨앗을 뿌려야지. 모두 나름의 방식으로 종자를 준비하는 계절이다. T. S. 엘리엇은 《황무지》에서 노래했다. 4월은 가장 잔인한 달, 죽은 땅에서 라일락을 키워내고 추억과 욕정을 뒤섞고 잠든 뿌리를 봄비로 깨운다. 죽은 땅을 지나왔다. 4월에 이별하면 갈 곳이 없다. 하물며 4월에 '진짜' 나를 만날 채비를 하지 않으면 봄날을 맞을 수 없다. 팽이는 지난 겨울을 생각하며 질척한 땅 위에 쓴다.

나는 한때 편백나무였다.
죽음의 땅을 지나 이곳에 당도했다.
차가운 대지를 알몸으로 지나왔다.
편백나무 숲에는 또 하나의 내가 산다.
나는 팽이다.
한때 나는 편백나무였다.

베이고 깎이고 문질러져 태어나

채찍으로 자랐다.

모두 떠나간 얼음 논 한가운데 어느 날 문득

내가 보이지 않았다.

지독하게 돌아가면 내가 보이지 않는다.

가만히 생각해보면 그게 나다.

나는 팽이다.

나는 한때 편백나무였다.

팽이의 온도 23℃

# 더딘 봄, 영혼의 거처

왕관이 핏줄을 타고 폐와 심장에 진입해 영혼까지 흔들고 있다. 그토록 원하면 뼛속까지 심어줄 태세다. 왕관이 인간의 영혼을 흔든 것은 하루 이틀 일이 아니다. 왕관까지는 아니더라도 순금 훈장, 금도금한 배지, 누런 완장만 차도 사람은 눈빛이 달라지고 자신의 주제를 잊는다. 신이 많은 이 나라에는 유독 영생, 일확천금, 불장난, 잔인한 질투, 죽음을 불사하는 맹신에 쏠리는 사람들이 많다. 산세 좋은 계룡산 언저리를 제외하면 구석구석 돈으로 영혼을 측량할 곳으로 넘친다. 그

만큼 영혼들이 갈 곳을 잃고 떠돌아다닌다는 방증일 것이다. 평생 한 번도 거들떠보지 못한 영혼은 푸른곰팡이가 날리고 살찌고 고단한 육신은 좀처럼 잠들 줄 모른다. 영혼이 녹슨 육신은 피로가 부쩍 더 몰려올 것이다.

2020년 경자년, 그 년이 기다리는 봄은 산모퉁이를 돌아 동네 어귀를 서성이며 기웃거린다. 돌아보니 밋밋한 형과 같은 겨울이었다. 소중한 친구를 목숨으로 지켜내지도 못했다. 쏜살같이 부는 바람을 갈라 느슨해진 연줄을 끊지도 못했다. 하물며 날 선 글줄을 당겨 수국의 정원에 생기를 더하지도 못했다. 수맥 언저리도 가 닿지 못한 채 샛바람에 흔들리며 눈물만 툼벙툼벙 흘렸다. 발만 동동 구르며 가슴을 쓸어내리고 더 내주지 못한 것을 반추했다. 줄 거라면 다 줘야 했다. 남은 자의식의 찌꺼기는 내린 커피가루처럼 냄새를 제거하는 용도 정도로 썼어야 했다. 겨울이면 뿌리가 드러나도록 추워야 했다. 심지를 비우지 못한 것들은 모두 동사시켰어야 했다. 눈발을 퍼붓고 진창 흙탕물도, 마른 바람에 부서지는 가랑잎도, 청솔가시 위의 휘는 눈더미도, 텅 빈 골목길을 쏟아져 들어오던 눈보라도 없었다. 꽃잎과 같은 눈발이 날리자 고개들었던 텅 빈 눈빛들이 다시 고개 숙여 휴대폰에 눈을 꽂는다. 유예된 만남은 모두 끝났다. 지금이 아니면 안 될 만남만 남았다. 그러니 벗이여! 더딘 김에 너 없이 한철을 보내고 싶다. 온몸이 화들짝 불타는 여름 한가운데 곧바로 다다르면 좋겠다. 머뭇거리는 너를 마주하기 민망하다. 이런 감으로는 좀처럼 봄을 맞을 수 없다. 내가 버리지 못한 찌꺼기 때문에 작별인사도 없이 떠났다. 겨울과 봄 사이에 영혼을 묻고 서쪽 하늘을 바라본다. 그래, 다 비워냈어야 했다. 그랬다면 이 봄이 이토록 스산하지는 않았을 것이다. 영혼이 이토록 먹먹하지는 않았을 것이다. 겨울 한가운데를 관통해야 봄을 만날 수 있다. 다 비워내지 못한 겨울의 혼령은 누더기가 되었을 것이다. 따뜻한 겨울을 두 번 다시 기대하지 말자. 저 멀리 경자년 봄이 서성이고 있다. 미뤄둔 추억들은 밤나무 밑에 널브러진 밤벌레의 흔적처럼 껍질투성이다. 그러니 벗이여! 이제 채워서 떠날 생각은 하지 말자. 더 이상 심지를 세워두지 말고 흐르자. 영혼이 행방을 물어올 때까지.

팽이의 온도 24℃

# 벚꽃 엔딩

향기없는 차가운 꽃잎이 흩날리겠지. 서로 등 돌리고 앉은 사람들의 마스크 사이로 숨찬 말들이 진창 눈발에 섞여 얼어가겠지. 그 위로 쌓이고 쌓이는 꽃잎들은 서슬 퍼렇게 겨울밤을 지키겠지. 눈부신 달빛, 청명한 밤공기 타고 오시려나. 육신이 없어 한기를 느끼지 못해 꽃잎만 보고 오시려나. 이내 허기를 참지 못하는 내 어리석은 육신은 맨발로 달려나가다가 얼음 가시에 피투성이가 되겠지. 후회, 연민, 궁상, 집착, 눈물…. 아, 미안해하거나 서운해하지 않기도 있었다. 우리가 버리기로 한 것들이 떠오른다. 나머지는 모두 가져가기로 했는데 버리기로 한 것만 자꾸 떠오른다. 있지도 않은 희망 따위에 신물이 나 그러는지도 모른다. 자아에 서식하던 바이러스를 이제 겨우 발견하고 호들갑 떠는 모습에 넌더리도 났을 것이다. 정작 내 안의 코로나로 죽어간 이들이 훨씬 처참하다는 사실을 모르는 걸까? 설마 애써 외면하는 걸까? 뜬금없이 물었다. '코로나19에 무탈하시죠?'

네, 모두 잘해주셔서요.

그런데 내 안의 코로나는 안녕한가요?

나를 거리로 몰아낸 내 안의 코로나.

나를 전면에 내세우는 내 안의 코로나.

나를 하찮게 여기는 내 안의 코로나.

하물며 사람 위에 군림하는 내 안의 코로나.

생생히 살아 숨쉬는 자아의 올가미들은 안녕한지. 사방을 둘러봐도 향기를 느낄 수가 없다. 사람들은 하나둘 집으로 돌아가 우두커니 웅크리고 앉아 지난 꽃잎을 추억하고 있다. 축제는 끝났다. 억센 불빛들이 제국을 세우고 영토를 빼앗고 왕좌를 차지하며 피의 복수를 꿈꾸고 있다. 그 한가운데 인조인간과 같은 허수아비들이 은장도를 휘두르며 피를 뿌리고 있다. 수천 개의 눈알이 벌겋게 물든 액정화면 속에서…. 혼을 탈탈 털어 써낸 당신의 소설은 몇 부나 팔렸을까? 아니, 건강은? 그러고 보니 오랫동안 당신 소식을 듣지 못했다. 무소식이 희소식인가? 향기 없는 꽃이 꽃이던가? 세상 도처의 무향기. 부디 잘 자요. 세상 하나뿐인 내 사랑. 기쁘게 견뎌주세요.

팽이의 온도 25℃

# 사춘기

그 시절 어머니를 잃었다. 끈 떨어진 방패연처럼 하늘을 날다가 어느 숲에 다다랐다. 눈을 떠보니 살아있었다. 밥맛이 돋았고 계절이 바뀌며 세상에 신기한 것들이 호기심을 자극했다. 특별히 상상을 뛰어넘는 예측불허의 인생이 흥미있었다. 어느 순간 '아하, 끈이 없어도 되는구나!'라는 생각이 떠올랐다. 하지만 그럴 때마다 가슴 한가운데가 욱신거렸다. 뻥 뚫린 가슴, 방패연처럼 뚫린 가슴으로 하나둘 사랑하는 사람들이 빠져나갔다. 물론 내 잘못은 아니었다. 가슴의 구멍은 거센

바람을 지나 보내며 수평과 수직의 균형을 유지하기 위해서였다. 구멍이 없는 연은 그 자리에 곤두박질치기 때문이다. 구멍 한가운데로 바람을 지나 보내며 사춘기의 강을 지나왔다. 구멍 한가운데 고정된 대나무 살에 끈을 달아 사춘기 아이의 손에 일생을 맡겼던 시절, 끈이 떨어지니 가슴 한가운데 구멍이 원망스러웠다. 구멍 때문에 자꾸 온몸이 지상으로 가라앉았기 때문이다. 줄이 끊긴 연은 개울을 지나 미루나무 꼭대기를 넘어 전봇대, 기찻길, 버스정류장, 산등성이, 선산을 지나 날아갔다.

어느 날 문득 눈을 떠보니 편백나무숲이었다. 둥치가 잘려나가 곁가지로 뻗어 자란 편백나무 가지에 나는 걸려 있었다. '한 사춘기 녀석이 밑동을 베어 팽이를 만들었겠지.' 생각하며 흔들리다 보니 편백나무 잎들이 깔깔대며 웃는다. "너 왜 그렇게 나풀대냐? 정신 사납게?" 그러고 보니 숲은 고요했다. 단 한 걸음도 내딛지 않고 조용히 서서 거뜬히 제 몫을 해내며 살아내고 있었다. 하물며 산사태를 막고 수맥을 연결하는 일까지 한다는 것을 나중에야 알았다. 사춘기 아이들 앞에 서보니 추억이 아련하다.

일제식 검은 교복을 입고 호크는 잠그고 모자는 똑바로 써야 했다. 하지만 아이들은 호크를 열고 모자에 볼펜 심을 넣어 세우느라 고심했다. 등교 첫날 삭발한 죄로 중년 여교사에게서 머리통을 목탁처럼 맞았다. 인생을 알 리도 알 수도 없던 시절이었다. 그 궁금증이 여전한 오늘 사춘기 아이들 40여 명 앞에 서있다. 사서 선생님이 질문지를 먼저 받아 포스트잇에 붙여주었다.

- 주제가 왜 '품격 있는 대화법'인가요?

어, 사람들에게 밟히지 않으려고. 중언, 부언하면 밟히거든. 너보다 훨씬 바보들한테 말이야.

- 언제부터 글을 쓰셨고 계기는?

40년 전부터 썼어. 돈이 제일 안 들거든. 가난했어. 지금도 그렇지만 책값이 가치 대비 제일 싸.

- 작가님은 언제 가장 행복하신가요?

지금. 다시 오지 않을 순간이잖아. 우리가 언제 다시 볼 수 있을까? 지금 아니면.

- 작가님은 직업이 두 개인데 저는 꿈도 없어요. 어떡하죠?

그냥 살아. 그러다 보면 배도 고프고 하고 싶은 것도 생겨. 그 대신 아프거나 죽으면 안 돼. 그럼 죽도 밥도 안되거든.

- 이 책을 권하고 싶은 사람은?

음, 박근혜. 책을 읽고 후반기 인생을 시작했으면 좋을 것 같아서. 품격 있는 말로.

'여러분, 미안합니다. 내 인생 전반기는 트라우마 때문에 잘못 보냈습니다. 가슴에 큰 구멍이 있었거든요. 후반기에는 여자로 나답게 살고 싶어요. 공개 구혼합니다. 내가 청국장은 잘 끓이고요. 바다가 보이는 쪽으로 집도 하나 준비할게요. 배우자를 위해 최선을 다할 거고요. 출근한 동안 동네 스포츠센터에서 수영, 탁구, 글쓰기, 우쿨렐레, 한식 조리를 배워 멋진 주부가 되겠습니다.'라고 말할 테니까.

- 작가님은 목표가 뭐예요?

어, 사랑하는 사람을 많이 만드는 거지. 웬만큼 세월이 지나도 결코 사라지지 않을 만큼. 그래서 노숙자들부터 사랑하고 있어. 물론 너희도 당연히 포함되고. 그래서 유리 도서관이라는 힐링 터가 있는 판타지를 쓰는 중이야. 그때는 너희가 책을 읽고 싶어 난리 칠 거야. 알지? 책을 읽지 않는 민족은 미래가 없고 야만인들에게 짓밟힌다는 것. 우리나라는 당해봤잖아. 그런

데도 책을 안 읽어. 피눈물이 아직 남았다는 얘기지. 너희가 그 대상일 수도 있어. 책을 읽지 않는 선진국은 없어.

- 이 책을 쓰면서 가장 생각난 사람은 누구예요?

어머니란다. 오늘 집에 가 엄마한테 이렇게 말해라. '엄마, 고마워요. 사춘기 미친 놈 옆에 있어 주셔서.' 사춘기는 혹독한 겨울을 지나 보면 알게 된다. 아이들은 그 사실을 아는지 모르는지 지나치게 밝다.

팽이의 온도 26℃

# 수국의 정원

천상 제국 한가운데 수국 정원이 있다. 제왕은 지금 수심이 가득하다. 수국 정원 한 귀퉁이에 보랏빛 수국이 지푸라기처럼 시들시들하고 일부는 뿌리째 썩어들어가 굼벵이의 먹이가 되고 있다. 정원의 생기는 지상의 생기와 직결된다. 지상의 생기는 고뇌와 연결되는데 이 고뇌의 온도에 따라 수국의 생기가 결정되기 때문이다. 존귀한 생명에 대한 방기, 자신을 돌보지 못하는 인간의 교만, 끝없는 탐욕, 철저한 이기심, 자연의 질서를 거스르는 오만……. 존귀한 생명은 그 어떤 차별도 거론할 수 없다. 자연의 질서는 차치하고라도 사람 위에 군림하려는 명예욕. 그래서인지 많은 사람이 사람을 섬기는 데 급급하다. 그러나 사람은 섬김의 대상보다 사랑의 대상임에랴. 바람의 광장은 분주하다. 고뇌의 끝 선에서 버티고 버티는 사람들의 음악회가 다가오고 있기 때문이다. 광장에 파견나온 집사는 하루가 부족하다. 유리 도서관의 서책을 사람책으로 그들의 스토리별로 정리해야 하고 자신을 기만하며 허세를 부리며 그 한가운데 자신 일신의 영달을 견고하게 세워두고 목청 높여 사람을 가르치려는 자들과 선택의 기로에서 아무도 묻지 않는 자기 연민을 앞세워 뜬금없이 죽어 나자빠지는 어리석은 자들과 자신이 쌓은 재물이 썩는 냄새가 진동하는데도 충혈된 눈을 희번덕이며 모으고 쌓는 것 외에는 아무것도 나눠줄 줄 모르는, 아니 주변의 누구도 '굶어 죽어도 네 것은 싫다.'라는 사람이 즐비한 재산가……. 비단옷을 입고 산해진미를 원 없이 먹을 수만 있으면 여한이 없는가? 그 지점에 제왕의 수심과 수국 정원의 한 귀퉁이가 있다. 수국 정원은 천상 제국의 동력이다. 나눔과 상생, 서로의 우주, 흔적을 찾을 수 없는 자아, 텅 빈 그릇, 다시 정결한 고독, 티 없는 희열, 산뜻한 낙화! 그 증거가 수국 정원에 있다. 이야기는 사라지지 않는다. 눈에 안 보인다고 무시하면 안 된다. 눈에 보이는 것을 맹신하는 것은 더 위험하다. 살아있다면 움직여라. 움직이며 길을 떠나라. 거기 메밀꽃이 비를 흠뻑 맞으며 희뿌옇게 산들거리고 거기 지푸라기가 깔린 아담한 길 위에 수국 정원이 있다. 밥 한 공기를 위해 심장을 내줄 요량이라면 차라리 조용히 퇴장하라. 적어도 수국 정원의 두엄 정도는 될 테니. 비가 내리니 개구리의 목청이 한결 높다. 조용히 귀 기울여보자. 바람의 광장, 음악회의 풍경에.

팽이의 온도 27℃

# 투표 행렬에 울다

잔인한 4월이 갔다.

일본, 백성의 비극!

노 작가의 안부!

자전거 행렬이 끝날 때까지 단 한 마디 불평불만도 없다. 그 많은 차량과 사람들이…… 단 한 마디도 없이 조용히 기다린다. 간소한 밥상, 소박한 일상, 젊은이들 앞에 눈을 부릅뜨고 당당히 말하는 초롱초롱한 현역 노인들, 미친 듯 일하는 샐러리맨들.

열차에서 말없이 책 읽는 중년의 때문은 책갈피, 진중

한 눈빛, 닭볏 목덜미. 그래서인지 그 나라는 백성이 여기 저기 객사해 쓰러져도 태연하고 차분하다. 백성을 사람으로 안 봐도 백성들은 나라가 그럴 리 없다고 할 만큼 어리석거나 나라가 늙은 백성의 객사 정도는 받아들이는 인간들 정도로 백성을 깔보는가? 나라의 위정자들은 좀비처럼 견고하다. 그 견고함을 틈타 어리석은 백성들은 떼로 몰려다니며 구석구석 바이러스를 퍼뜨리고 있다. 여전히 태연하다. 염병을 떠는 위정자들은 여전히 차분한 백성의 죽음 앞에 태연하다. 저 백성의 근본은 어디에 있는가? 하나님을 거역해 수천 명이 백주 대낮에 순교한 핏값을 근본으로 삼는가? 핏값은 아직 남아있는가? 하기야 인간에게 근본의 기준이 있으랴마는. 현재의 일본, 백성의 비극을 바라보는 마음이 처참하다. '봄 병풍 그림은 중천에 걸린 흐릿한 달, 동편에 흔들리는 갈대, 걸식하는 법사다……. 차갑고 그립고 서글픈 바람이 분다며 4월을 걷고 있을 칠순의 노 작가가 걱정된다. 몸서리치게 서글픈 마음이 들 때마다 '인생은 싸우는 것이다. 기웃거리지 말고 너답게 살다가 떠날 때는 객사한 참새처럼 깨끗이 퇴장하라! 인생 따위에게 엿이나 먹여라.'라고 일러준 칠순의 그가 며칠 꿈자리에 서성거렸다. 얼마 전 울컥 눈물을 쏟았다. 뜬금없는 눈물이었다. 사전투표장이었다. 마스크 쓴 긴 투표행렬, 사람을 위로하고 사람이 사람으로 살아가는 게 이것밖에 없다는 생각이 들자 내 결의가 서글펐다. 서글픈 행렬은 길게 이어졌다. 그 수모가 가슴에 닿았기 때문이다. 사람이기에 내 목넘김의 수지를 따지지 않는 자는 없다. 그러나 그 목넘김이 인간으로서 염치가 있는지, 의도치 않게 못 가진 자들에게 합당할지, 사람을 아프게 하지는 않을지 정도는 알게 된다. 그동안 산전수전 겪었으니. 다시 백성이다. 일본 시인 이시카와 다쿠보쿠는 이런 시를 썼다.

### 코코아 한 스푼

나는 안다.
테러리스트의 슬픈 마음을
말과 행동으로 나누기 어려운
단 하나의 그 마음을
빼앗긴 말 대신
행동으로 말하려는 그 심정을

……

끝없는 논쟁 후
싸늘히 식은 코코아 한 스푼 홀짝거리며
하늘에 닿는 그 씁쓸한 맛으로
나는 안다.
테러리스트의
슬프고도 슬픈 마음을
지도 위 조선이라는 나라를
검디검도록
먹칠해가는 가을바람이 듣는다.
잊을 수 없는 표정이다.
오늘 거리에서 경찰에게 끌려가면서도
웃던 형은
누가 내게 피스톨이라도 쏴주렴
이토 히로부미처럼 죽어나 보게.

작금
여전히 조선은 두 갈래다.

전쟁에 핍박에 공작에 프레임에 이념에 넌더리가 날 만도 하건만 조선의 몸에는 늘 양가감정이 뱀처럼 똬리를 틀고 있다. 누더기가 된 백성의 마음은 이제 겨우 고개를 든다. 아득하다. MI(동기 면담)에 의하면 양가감정을 돕는 방법으로 질문이 효과적이다. 상대방의 동기를 오롯이 살리는 '열린 질문'이 있다. 예를 들면 '어떠세요?' 정도다. 노숙인들의 돌과 같은 마음도 이 한 마디로 꾸들꾸들해진다. 더 나아가 '당신은 노숙이 필요했네요.'라고 반복하는 것이 전부다. 모두 안녕하신지 궁금하다. 밥, 술, 분노, 무뎌진 체면은 안녕하신지? 삶의 동기는 여전하신지 못 뵌 지 두어 달이 되어간다. 어떤 마음들이 오갔을지도….

태어나기도 전에 조부모를 잃어 물어보지 못했다. 늘 궁금했지만 물어보지도 못한 채 오늘날까지 살아왔다. 그래서 근처 할아버지께 여쭤보고 싶어 두리번거리니 누군가 조용히 다가와 '모두 붉은 깃발을 들고 광화문에 가셨다.'라고 귀띔했다. 그리운 할아버지!

'어디 가세요?'라고 물으며 좇아가려다가 그만뒀다. 그가 그는 아니시기를. 어쩌면 이런 꼴 보일까 봐 일찍 떠나

셨는지도 모르겠다고 믿어버린다. 아니, 믿고 싶다. 어쩌면 이 꼴 저 꼴 안 보려고 서두르셨는지도 모르겠다. 아니면 겨우 버티는 손자와 등지기 싫어 떠나셨을지도 모른다. 어쨌든 조부에게 한 마디도 묻지 못했다.

4월이 5월로 흘러간다. 백성은 아프고 아프다. 백성 중에는 눈을 부릅뜬 노 작가도 있고 시인도 있고 아이들도 있고 노숙자도 있고 평생 단 한 번도 질문을 받아보지 못한 조커도 있고 죄 없이 객사한 사람도 있고 선량한 백성의 가슴 한가운데 총포를 쏴대고 천수를 누리는 자도 있다. 견고한 좀비들이 여전히 돌아다닌다. 그리고

채찍 따위 없이 스스로 돌 줄 아는
팽이도 있다.

팽이는 쓴다. '그는 흘끗 외면하며 돌아서 갔다. 그가 서둘러 향한 곳은 그가 그토록 깔보던 죽음 쪽이었다. 아니다. 그는 오래전부터 살아있는 척하는 송장이었다. 능선에 숨어있던 까마귀가 눈을 부릅뜨고 그의 흐느적거리는 영혼을 먹고 있었다. 까마귀는 쫑긋 귀를 세운다. 누군가

쿵 쓰러진다. 동쪽 바다, 해가 뜨는 쪽이다. 그건 틀림없다. 아니면 달이 저토록 아름다울 리 없다.

팽이의 온도 28℃

# 콩죽을 저으며

활시위를 당긴다. 손톱에 피멍이 들었다. 봉선화 물을 들인 것도 아닌데 팽팽하다. 섣부르면 어디가 터져도 터질 것이다. 꽃봉오리가 벙근다. 연분홍, 연분홍, 연분홍 꽃잎이 가늘게 흔들린다. 언덕 아래로 고라니가 대가리를 조아리고 가시덤불 속으로 질주한다. 집중하는 기세가 역력하다. 작은 귀를 납작 젖히고 가속한다. 딱히 목적지가 있는 것 같지도 않은데 달린다. 저 덤불 숲 너머에 찔레순이 보였나 보다. 하얀 찔레꽃이 눈부시다. 시린 눈을 비비니 어머니가 죽을 쑤신다. 연한 쑥

순을 다듬어 빻아놓으시고 콩을 갈아 콩물을 짜놓고 참나무 장작을 피워 솥을 데우고 밥상 위에 파김치를 올려놓고 나서야 주름을 펴신다. 어머니는 땅콩을 나중에 갈아 넣은 게 마음에 걸린다. '흰콩을 갈 때 함께 갈았어야 했는데… 그걸 까먹었네. 함께 갈아 넣었어야 했는데….' 라며 다시 이마를 짚으신다. 죽이 식는 사이 어머니는 달래를 캐러 가셨다. 해가 저물고 손톱 달이… 내 손톱의 투명한 끝선보다 가늘다. 내 몫의 동기로 살아가는 물길에 어머니가 계시고 어머니의 물길에 사람이 흐른다. 흐르는 것이 어디 사람뿐이랴. 우리는 모두 흘러간다. 천천히 촘촘히…. 흐르며 즐겁게 살아간다. 눈에 보이지 않는 게 바이러스뿐인가? 하물며 보이는 게 전부인가? 나는 콩죽을 나무주걱으로 저으며 명상한다. 저 속에서 부글거리는 생명을.

# 4장

# 여름, 지혜

(6~8월)

수영을 시작한 것은 방죽 때문이었다. 내 키를 넘는 물속에는 한 번도 들어가보지 못했다. 수심 깊은 어둠 속을 들어가지 못한 것은 두려움 때문이었다. 물은 언제나 두려움의 대상이었다. 내 키를 넘는 물속에 한 번쯤 들어가보고 싶어 수영을 시작했다. 수영을 시작하기 전까지 방죽은 유리구슬의 무덤이었다. 초등학교 6년 동안 따 모은 유리구슬이 수장된 무덤. 수영하는 내내 물과의 싸움이었다. 숨이 차 멈추고 싶을 때마다 한 번 더 숨을 참을 수 있었던 것은 그 어둠 속에 들어가 보고 싶었기 때문이다. 그 미지의 어둠 속을 아름답게 가보고 싶었다. 죽을 만큼 숨이 차오르는 순간 팽이가 보였다. 내 발을 물어뜯은 것은 틀림없이 팽이였다. 눈을 뜨자 발에 피가 흐르고 있었다. 빙 둘러서 있던 눈빛들 속에서 이런 말이 들려왔다. '완전히 겁먹었나 봐. 안전띠를 마구잡이로 차내더라고. 물속에서 악몽을 꾸는 사람 같더라니까. 조금만 늦었으면 큰일날 뻔했어. 물을 잔뜩 먹고 심장박동이 불규칙했다니까. 여보세요. 정신 좀 드세요?' 발밑에는 안전띠의 부레 몇 개가 놓여 있었다. '웬지 불안하더라니.'라는 말이 마지막 남은 기억이다.

팽이는 방죽이 있던 자리를 배회하고 있었다. 구슬이 있던 자리가 궁금한 것은 팽이도 마찬가지였다. 방죽에 뛰어들어 구슬이 있는 곳으로 몇 번이나 잠수를 시도했지만 물은 팽이를 받아들이지 않았다. 제비둑 언덕에 서서 힘껏 도약해 방죽에 뛰어들었지만 뛰어든 만큼 다시 튀어 오르기를 반복했다. 팽이는 오랜만에 물 위에 둥둥 떠 먼 들판을 바라보고 있었다. 어느 순간 온몸에 물이 스며 촉촉해지자 몸은 천천히 아래로 가라앉고 있었다. 몸을 움직일 때마다 둥둥 떠올라 조심조심 생각을 집중해봤다. '그래, 이 느낌이야. 이 맑은 물 아래로 구슬을 쏟아부었지.' 그때 숨이 '콱' 막혀오며 물속으로 빨려 들어갔다. 메기나 빠가사리가 물어뜯었다고 생각했는데 물방개뿐이었다. 이유없는 공포가 몰려왔다. 얼마 전 꼼짝할 수 없었던 날 배웠던 회전을 시도했다. 물속에서 회전이 시작되자 팽이는 이런 생각이 들었다. '어쩌면 추억이 영원히 사라질지도 모른다. 두렵다. 아직 그를 떠나지 못했어. 그의 호흡이 느껴져.' 죄책감과 두려움이 가득 몰려왔다. 팽이는 배꼽에 집중하며 무게중심을 옮겼다. 온몸의 힘을 빼고 앞으로 중심을 옮겨가며 구슬 쪽으로 헤엄쳐갔다. 팽이의 유선형 몸체가 물살을 가르며 물속 깊이 스며들었다. 팽이는 물과 한 몸이 되어 물에 모든 것을 맡겼다. 작은 의식도 말끔히 지워버리고 중심을 천천히 이동시켰다. 아름답게 한 스트로크, 한 스트로크 저항을 줄여가며 전진했다. 이번에는 등에 있던 날개가 물갈퀴로 움직였다. 팽이의 리듬은 물방개의 리듬보다 한결 자유로워 보였다. 방죽의 어떤 물고기보다 여유 있었다. 팽이는 이런 생각이 들었다. '물고기, 다람쥐, 야생 토끼, 종달새에게도 나름의 삶이 있음을 인정해야 한다.' 그 가족도 마찬가지다. '죽어도 같이 죽고 살아도 같이 산다'라는 생각은 곤란하다. 팽이는 긴장을 늦추지 않고 회전에 집중한다. 열심히 집중해 이뤄낸 것들을 다시 확인하고 싶었다. 팽이는 방죽 바닥에 다다랐을 때 눈을 의심했다. 방죽 바닥에 온통 구슬이 쌓여 있었다. 겹겹이 쌓인 유리구슬들이 바닥을 겹겹이 장식하고 있었다. 해가 중천에 떠오르자 햇빛에 비친 유리구슬들이 눈부시게 빛났다. 그곳에는 함께 몸싸움하던 팽이들이 이리저리 쪼개져 나뒹굴고 있었다. 팽이들의 몸에서 빠져나온 크고 작은 쇠구슬들도 유리구슬 사이에 섞여 있었다. 팽이는 구슬들 앞에서 천천히 선회했다. 주검들 앞에서 한결 가벼워졌다. 구슬만 쓸모없던 게 아니었다. 얼음판에서 어깨를 툭툭 치며 나뒹군 강철팽이도 보였다. 언제나 옆구리를 아프게 때리던 차가운 쇠의 감촉이 되살아났다. 한때 많은 아이들의 사랑을 독차지하고 뭇 팽이들의 부러움의 대상이었는데 강철팽이는 시뻘겋게 녹슬어 물풀이 끼고 온몸에는 조개가 달라붙어 있었다. 형체를 알아볼 수 없을 만큼 변해버린 강철팽이를 보며 팽이는 물의 출렁임에 몸을 맡기고 방죽을 유영했다. 팽이는 마음이 편안해졌다. 날섰던 신경이 가라앉고 자신이 태어나기 이전의 어느 날의 기분을 느낄 수 있었다. 상처 구석구석을 물이 어루만져줬다. 고단한 전반기였다. 누군가의 육신에 빌어 붙어 살아온 세월. 육신이 으스러지는 통증이 몰려올 때도 팽이는 모른 척하지 않고 함께 견뎌줬다.

팽이에게는 나를 떠난 후 맞는 첫 여름이었다. 해가 중천에 뜨자 저 멀리서 새들의 울음소리가 울려 퍼졌다. 물속에서 들어도 생생했다. 팽이는 배꼽에 있는 쇠구슬에 집중하며 회전에 속도를 올렸다. 등에서 '투득' 새 날개가 부딪치는 소리가 나더니 까마득한 아래쪽에 방죽이 보인다. 팽이를 따라 올라온 물줄기가 다시 방죽으로 떨어진다. 높이는 가늠할 수 없었다. 분명한 사실은 방죽에서 높이 날아올랐다는 것이다. 팽이는 온몸의 힘을 빼고 논이든 제비둑이든 상관없이 지상으로 추락할 작정이었다. 들판에는 아지랑이가 자욱하게 피어올랐다. 봄 들판에서는 지금 야생의 추격전이 시작되고 있다. 팽이는 '아름답게, 아름답게'라고 중얼거리며 온몸의 힘을 뺀다. 팽이는 그럼에도 서운한 감정이 앙금처럼 남아있음을 직감했다. '그래, 너도 느꼈으리라 믿는다.' 그 지점. 네가 13살 언저리를 지날 무렵 네 여름이 시작되었다.

팽이의 온도 29˚C

# 자목련이 7월에 피다니

자목련 목이 달아났다. 성급히 허둥대는 꼴이 나를 닮았다. 너저분한 꽃잎을 밟으며 걷다 보니 산사에 다다랐다. 뜨락에서 깡마른 노승이 번뜩 광채를 띤 눈으로 노려보고 섰다. '자네는 누구인가?' '네?' '눈동자가 노란 게 오물이 가득 찼군.' '종양만 아니면 이래 봐도….' '그런 육신을 어디에 쓰시려는가?' 5월 전지작업을 할 때 자목련 허리를 '싹둑' 베었다. '꽃이 꽃이 아니라 에고 덩어리구나.'라고 투덜거리며.

7월이 찾아왔다. 장미도 가고 튤립도 뿌리만 덩그러니 그늘에 뒹굴고 있다. 뜬금없이 자목련이 피었다. 이번에는 잎새 뒤에 조용히 숨어 고개를 숙이고 있다. 그래도 다 보인다. 차라리 활짝 웃어라. 그게 더 볼 만하다. 바람이 분다. 이른 장맛비 소식이다. '떠내려가고 야단법석을 떨며 헤엄치겠지. 흐름을 거슬러 보려고 더 드러내 보이려고 안간힘을 쓰겠지. 그렇게 다 쓸려가겠지. 선두에는 자목련이 철모르고 앞장서겠지. 그곳이 어디든 도착해봐야 알 테니까.' 자목련은 한 치 앞도 못 보고 지금 조용히 피어 있다. 하물며 튤립과 장미를 깔본다. '기억나니? 천천히 조금씩 둘러보며 가라는 말. 미루지 말라는 말. 돌아가는 길이 있다는 말.' 가본 사람들이 해준 말들이다. 그들은 모두 돌아가셨다.

팽이의 온도 30℃

# 흐름과 소요(逍遙)

출렁이는 이유를 들여다본다.

어딘가 시원에 파동이 있었다.

서둘거나 허둥대면 결코 볼 수 없는 지점에서 시작된 생명. 그것을 평생 알아차리지 못하고 모두 바쁘다. 가끔 신호가 감지된다. 혹자는 평생 알아보지 못한다. 하물며 애써 외면하는 단계까지 되어도 알아차리지 못하고 질주한다. 물론 그 끝은 소멸이다. 몇은 그렇게 소멸하고 몇은 끝까지 견디며 자신을 버린다. 자신을 버리기 시작하는 순간 생명은 생기를 띤다.

쓰고 읽고 기도하고 때로는 간절히 뉘우치며 그 험한 빙산을 오른다. 임계점 앞에는 늘 죽음이 도사리고 있다. 두려움으로 말하면 표현할 수 없을 만큼 눈물, 피눈물로도 감당할 수 없는 지점에 다다르면 비로소 나도 육신도 사라진다. 이제 더 이상 어쩔 수 없다는 생각이 물밀듯 밀려오면 비로소 '나'라는 존재는 빠져나가고 세상을 가득 채운 것들이 왕바랭이처럼 바위틈, 보도블록, 대리석 틈바구니에 파릇파릇 돋는다. 비라도 쏟아지는 날에는 걷잡을 수 없이 무성해진다.

소요, '자네는 소요로 하시게.'라며 희멀건한 노승이 종이에 적어주시고 떠난다. '아, 참'하며 길가의 들꽃 한 줌을 따 건네주시며 '또 보세.' 하더니 산사로 천천히 걸어간다. 그 끝이 보일 때까지 우두커니 서있다가 돌아왔다. 생명이 흐르지 않으면 더 이상 생명이 아니다. 흐름이 가장 왕성한 7월이다. 당신의 7월은 어때요?

7월은

사슴이 뿔을 가는 달 - 카이오와족

천막 안에 앉아 있을 수 없는 달 - 요트족

옥수수를 튀기는 달 - 위네바고족, 동부 체로키족

들소들이 울부짖는 달 - 오마하족

산딸기가 익는 달 - 수족

열매가 빛을 저장하는 달 - 크리크족, 아파치족

말의 달 - 아파치족

콩을 먹을 수 있는 달 - 앨곤퀸족

옥수수가 익는 달 - 체로키족

조금 거두는 달 - 무스코키족

한여름의 달 - 퐁파족

연어떼가 강으로 올라오는 달 - 위시람족

나뭇가지가 열매 때문에 부러지는 달 - 주니족

풀을 베는 달 - 아베나키족

7월은 수면 아래에서 조용히 천천히 흐르고 있다. 나는 태음인이었다.

팽이의 온도 31℃

# '카메라 내려놔라.'

그리고 조용히 느껴봐. 그의 심장박동에 주파수를 맞추고 그의 눈빛을 조용히 따라가봐. 렌즈에 가둘 수 있는 것은 진짜가 아니거든. 진짜는 가슴에 담는 거야. 새벽 햇살이 눈부시다. 오늘은 흑산도 쪽으로 방향을 잡았다. 후끈 달아오른 6월의 공기 속으로 고속열차가 질주한다. 우리는 모두 같은 장소에서 각자의 속도로 질주하다가 오래전에 약속이라도 한 듯 흑산도 쪽으로 방향을 잡았다. 한 걸음씩만 더 걸어 들어가보면 누구나 우주와 같은 역사와 상처와 간절함과 이를 악물고 견뎌낸 시간들이 옹달샘처럼 고여 있을 것이다. 외딴섬 흑산도는 어머니 자궁과 같은 온기로 우리를 맞았다. 얼마 만에 느껴보는 평온함인가.

큰언니 혜숙 씨는 손거울을 들어 화장을 고치며 바다를 바라보고 있었다. '어쩌면 이곳이 마지막 여행지가 되겠지.'라고 중얼거리는 그녀의 옆모습 뒤로 갈매기가 날아오른다. 만만찮은 40여 년이었다. 아이를 가르치며 아이가 생기지 않아 죽을 고비를 넘겼다. 다시 태어나도 이 길을 걷겠다고 다짐했지만 이제 한 번쯤 용기를 내 거친 세상과 야생의 만남을 시도해보고 싶은 욕망이 움틀거린다. 혜숙 언니는 조용히 또 하나의 그녀에게 속삭인다. '너무 서둘지 말자. 아직 기회가 있으니까.'

둘째 경희 씨는 한껏 들떠 있다. 흑산도는 몇 번이나 경희 씨를 울컥하게 만들었다. 흑산도는 그리운 사람들을 생각나게 했고 감사한 일들이 밀물처럼 밀려왔다. 대장도 습지에 들어선 경희 씨는 청명한 수목과 높은 하늘, 무성한 풀숲을 지그시 음미한다. 그녀는 문득문득 썰물처럼 달아나는 시간을 목격하더니 서둘러 셔터를 누른다. 셔터에 담긴 사진 중 몇 장은 그녀의 가슴에 고스란히 남는다.

은영은 학교폭력 이야기를 할까 말까 망설이다가 머리카락을 뒤로 젖힌다. 영화의 한 장면이 떠올랐을 것이다. 성찬 형은 '내 인생의 절정기'라고 말하곤 쑥스럽게 웃었다. 위아래로 제몫을 잘해주는 식구들이 미더운 표정이다. 박찬형은 '월드컵 축구 결승전을 섬에서 보다니.'라며 감격스러워 한다. 올 인턴인 보선, 경화, 금실은 갓 잡아올린 고등어처럼 푸르게 웃는다. 그러나 웃음 뒤에는 다음 달 정규직 전환 발표에 결정적일지도 모른다는 워크숍 풍문에 신경이 곤두섰다. 인턴 중 한 명만 정규직이 된다는 뒷소문 때문이다.

수재 씨는 부쩍 귀여워졌다. 얼굴이 동그랗고 눈망울이 초롱초롱해 그럴 것이다. '동그라미 그리려다 무심코 그린 얼굴~' 어디 숨었는지 노래가 밤하늘로 퍼져나갔다. 금순 누이는 한결 더 섹시해졌다. 몸에 착 붙는 옷맵시와 심플한 모자 차림으로 어느 놈이든 건드리면 목숨을 걸 기세다. 혜옥 누이는 미친 듯 먹는다. 30년 동안 시달린 며느리 트라우마 때문일 것이다. 혜옥 누이의 30년을 생각하면 가슴이 먹먹하지만 그녀는 세상에 하나뿐인 내 편 길상 씨가 있다. 윤정과 현자 씨는 메슥거리던 속이 바닷바람과 밤하늘 별들에 씻겨가며 '오길 잘했어.'라고 중얼거린다. 생각을 웃도는 섬 공기가 둘의 마음을 감싸준다. 우리는 밤늦게까지 정자를 오가며 가리비를 쪄먹었다. 하늘에는 별이 총총했다. 트럭 짐칸에서 한쪽으로 쏠릴 때마다 각자 중심을 잃고 서로 부대꼈다.

다음날 우리는 대장도 습지를 관통했다. 물이 고여 썩지 않는 이유는 할 말을 참고 기다려 품어내는 습지의 물과 수목의 때묻지 않은 성품 때문일 것이다. 인생에서 가져갈 건 없다. 있다면 함께한 순간들뿐일 것이다. 우리는 흑산도에서 조용히 각자를 만나고 돌아왔다. 어쩌면 일생에 한 번밖에 없을 순간들을…. 2019년 6월 흑산도에는 낮달이 휘영청 밝았고 섟근별들이 소나기처럼 쏟아졌다.

팽이의 온도 32℃

# 6월 고향 zip을 그리며

발정기다. 수목은 검은색을 띠며 독이 오를 대로 올랐다. 이때 느슨하게 흔들리면 끝장이라는 것을 어떻게 알았을까?

# 변화는 소리 소문 없이 조용히 온다.

말없이 달아오른 수목들처럼 둥지를 박차고 날아오르면 하루의 선회가 시작된다. 날개를 쭉 펴고 바람에 몸을 맡긴다. 바람의 흐름, 나는 이 소리없는 움직임이 좋다. 껍질이 트고 꽃잎이 바람난 여편네처럼 사방으로 흩어져도 시간은 한 마디 말이 없다. 꽃잎이 말라 비틀어진 자리에서 단단히 자리 잡은 씨앗들이 그것을 증명한다. 지금 보이는 것들이 우주의 전부일 수 있다는 데 생각이 미쳤다. 사람들이 떠나간 빈자리, 무심코 마주친 이국풍의 광고 그림이 눈에 띈다. 어느 순간부터 내 심장에 단단히 자리 잡은 방죽, 제비둑, 참게, 붕어, 물방개…. 알몸으로 뛰어들어 멱을 감아도 기쁘고 살갑기만 하던 물들이 출렁인다. 자목련 목이 달아난 자리에 험상궂은 씨앗이 맺혔다. 좀 쉬어가라고 일렀건만. 진창 꽃잎을 떨구던 엊그제 그 헤픈 몸짓을 돌아보면 좋으련만. 바람이 남은 꽃잎 자리를 온통 헤집고 지나간다. 그렇게 아쉬우면 더 이상 시절을 흠집 내지 말고 봄의 뒤편으로 퇴장하라는 신호이건만. 발정기의 자목련은 기세등등하다. 사람이라면 적어도 짐승에게 뒤처질 정도는 넘어서야 하건만. 잠시만 방심하면 꼬리가 돋아나고 살아 움직이는 것들에 군침이 돈다. 지혜의 계절 여름에는 누구도 마음이 들떠 경거망동하지 않도록, 허투루 시간에 맞서지 않도록, 주저없이 몸으로 보여주도록…. 여름 방죽 한편에 있는 못은 깊고 푸르다. 아무리 따 모아도 아무 쓸모없던 딱지나 구슬처럼.

여름이 말을 전해온다. 내 심장을 관통하라. 은밀하고 우아하게. 그것을 이기려거든 그것을 타라. 물을 이기려거든 물을, 검을 이기려거든 검을, 독수리를 이기려거든 독수리를, 하늘에는 섰근 별이 소나기 처럼 내린다.

팽이의 온도 33℃

# 소설가의 각오

작정한 건 아니지만 이미 한껏 쏠려 있다. 초등학교 시절 하나씩 딸 때마다 장독대 뒤에 숨겨둔 구슬과 딱지에 대해…. 시골에서는 보기 드물게 〈소년중앙〉이나 〈어깨동무〉가 배달되곤 했다. 일찍 상경한 누나로부터다. 귀가 먹먹할 정도로 개구리가 울어대고 부엉이, 소쩍새는 밤새 슴벅거렸다. 청색 슬레이트 지붕에는 상수리, 도토리, 삐주리 감들이 떨어지고 겨우내 고드름이 맺히며 30년이 흘렀다. 찢어지는 가난, 불우한 어린 시절, 지독한 외로움. 그래서인지 쓸 때는 내가 사라진다.

두려움도 사라지고 용기도 나고 하물며 염치까지 생긴다. 세 번째 서책 초본을 놓고 이번에는 누가 이 아이를 만나 세상에 하나뿐인 듯 내 편이 되어줄지 생각하니 문득 설렘과 그리움이 몰려온다. 엄니가 그립다. 꿈속에서 엄니를 만나고 40년 전 떠난 아우를 만나고 모르는 사람들에게 사생활을 떠벌려도 기꺼이 들어준다면(저자 강연회라는 타이틀로) 더할 나위 없는 축복이다. 내가 쓰는 이유는 이것 때문이다. 쓰는 자의 각오라…. 내가 걷는 길이 소설이고 살아가는 하루하루가 시이길 바랄 뿐이다. 살다 보니 믿을 만한 사람은 없고 사랑할 사람만 있다. 아낌없이 사랑하고 거침없이 읽고 쓰다가 그분이 계획한 대로 따르겠다. 결코 서둘지 않겠다. 세 번째 저서의 화두! 당신은 지적으로 겸손한가? 나눌 것이 있는가? 새털처럼 가볍게 비울 수 있는가? 용기가 있는가? 하물며 의식의 임계점을 넘었는가? 혹시 책을 가까이 하는가? 두말없이 당신 책을 읽어주는 글 쓰는 친구가 있는가? 아픈 사람에게 진실로 머물러줄 수 있는가? 그 대답이 'Yes'라면 당신은 평생친구다. 세 번째 원고가 떠날 채비를 한다. 이 몸짓은 결국 죽음과 슬픔, 분노를 겨냥한 조준이 될 것이다.

팽이의 온도 34℃

# 그분이 서 계신 곳

장기 하나를 반납해야 다다를 수 있다는 곳에 다다랐다. 나만큼 기뻐해주실 사람들이 가뭇가뭇 보였고 네가 손을 놓으면 우리 다시 못 만날지도 모른다는 전언을 들었다. 그래서 먼저 손을 놓을 수는 없었다. 당신들이 모두 떠나도 나는 이곳에서 끝내 당신을 걱정할 거라는 약속도 한몫했다. 힘을 주신 분들이 많다. 그 눈빛과 격려와 다독임과 매서운 질책 속에 이런 말들이 있었다. '세상은 만만찮다! 너니까 할 수 있다! 너라면 할 수 있을 것이다! 너를 붓으로 써보겠다! 그리고 내가 너를 아노니 도약하라. 그리고 선택하고 집중하라! Action하라!' 위대한 영혼들이 함께했다. 눈떠보니 마음이 협곡 저 아래에서 펄럭이고 있다. 함께했던 2년, 누더기가 된 마음들이 포기하지 않은 영혼들이 하물며 매일매일 송곳처럼 돋아나는 상처를 지우려고 깊은 연기를 내뿜는 그래서 얼굴에 병색이 짙은 영혼들이 쭈글쭈글 웃는다. '차라리 돌아설까?' 몇 번이나 망설였다. 그러나 내 목구멍 하나 건사하려고 후반기를 맞을 수는 없었다. 안락의 블랙홀에 빠져 주머니를 아무리 뒤져도 줄 것이 생각나지 않는, 평생 무엇을 먹고 마시고 비교하며 일개 사람의 마음이나 목숨 따위를 초개처럼 내던지며 천수를 누리는 살아있는 송장으로 살아갈 수는 없었다. 이 피눈물이 썩지 않게 써먹을 작정이다. 왜 험지를 택하냐고 묻는다면 빙산을 넘는 지친 영혼들에게 한걸음 뒤에서 등불을 비추고 밤새 밤길을 걸어도 지치지 않도록 물러서지 않도록 미덥도록 버틸 근육을 단련하기 위해서라고 말할 것이다. 더 겸손히 묵직하게 그의 동기를 키우는 데 써먹을 작정이다. 비벼도 뒹굴어도 무너지지 않을 언덕이 될 작정이다. 그분은 돈과 같은 자리에 서있다. 선택하라! 나냐? 돈이냐? 거드름이냐? '흔하고 돈도 안 되는 그까짓 거?'라는 말을 던지는 자들은 엄두도 못 낼 지점이다. 누구나 범접할 수 없어 한 번 도달하면 평생 긍지가 될 것이다. 그러므로 한결 가볍고 경쾌해야 할 것이다. 둥지를 자아 훨씬 위에 옮겨 둬야 할 것이다. 이제 짬나는 대로 라켓을 들고 폼나는 승부를 할 것이다. 그 속에서 힘을 빼는 법, 프로 근성, 승자의 집중과 패자의 반성을 경험하며 한껏 즐길 것이다. 된 사람을 귀하게 여기고 교만을 증오하며 복수할 거리가 오면 더 깊이 영혼의 폐부를 파고들어 정면 돌파하는 글을 쓸 것이다. 당신이 마시기에 생수가 되도록 자아의 한 조각까지 갈아없애고 살아가보겠다. 흐름의 통로가 되어보겠다. 천성대로 산책을 멈추지 않겠다. 소쩍새가 운다. 천 년의 봄부터 울던 새가 운다. 이 적막 속에 오이 넝쿨과 토마토 순은 몰라보게 움들대며 뒤척일 것이다. 각자 깜냥대로. 이 소쩍새 우는 적막을 얼마나 뒤척일 거냐? 당신이 묻는다. 나는 대답한다. "적막이 강산이 될 때까지요."

팽이의 온도 35℃

# 길 위에서 길 찾기

집을 나서면 비로소 보인다. 내가 무엇을 빼놓고 살아왔는지, 나는 누구인지, 빼놓고 온 게 과연 얼마나 필요한 것이었는지도. 고구마 줄기를 심고 햇빛을 가려줄 검은 비닐을 덧씌우고 잡초를 잠재울 녹아내리는 살충제를 뿌리고 참외, 수박, 분홍 꽃을 피우는 잔디 씨, 가지, 옥수수 모종…. 약 2만 원어치의 1년생 작물을 한나절 심었다. 눈길 한 번 주지 못한 쑥은 어쩜 그리 지천인지. 그 쑥을 뜯으며 한나절 길을 따라 쪼그려 앉았다가 걷기를 반복했다. 잡초가 온통 밭 주위에 모여들었다. 밭둑 가장자리, 하천 웅덩이, 후미진 산등성이, 아스팔트 길모퉁이, 계단 틈새. 질경이, 미나리, 달맞이, 민들레, 개망초, 엉겅퀴 등이 얼마나 힘이 세고 파릇파릇한지. 혼이 뿌리째 흔들리며 정신이 번쩍 든다. 매 순간 자신을 다스려 흐름의 통로가 되어라! 존귀한 생명을 증폭시켜라! 되는 대로 잘 사는 조팝나무의 흰 꽃과 불두화 사발꽃… 다시 불두화 사발꽃…. 사발꽃 사이로 어머니가 걸어간다. 새참을 이고 뒤뚱뒤뚱 가시오가피 잎새 무침, 쑥떡, 명이나물, 막걸리, 어머니 팔뚝의 부황 자국.

파종을 마치고 연둣빛 산천을 데리고 내려오며 한참 구경했다. 그 파릇한 잎들을. 길에는 흔들리는 것들이 지천이다. 나는 꽃보다 더 눈부신 연둣빛 행렬을 구경하러 집을 나섰다. 집을 나서면 길이 있고 길 위에는 수많은 길이 있다. 집을 나서면 비로소 보이는 길들도 집이 사라지면 덩달아 사라진다. 길 위에는 언제나 목적지가 있고 그 목적지에는 늘 집이 보인다.

팽이의 온도 36℃

# 여름의 흐름, 연가리

조남식 씨가 아프다. 낭만적인 사람이었는데.

“손님한테 친절한 건 좋지만 너무 굽신거리지는 마라. 그러다 보면 한없이 요구하고 기어오르고 짓누른다.” 두 번째 만났을 때 도시생활에 지쳐 돌아온 아들을 세워두고 남식 씨가 한 말이었다.

그는 뼈를 묻을 요량으로 정한 마지막 둥지를 진동계곡으로 잡았다. 깊은 산세에서 쏟아져 나오는 물줄기는 극심한 가뭄에도 마르지 않는다. 계곡 따라 어린아이 팔뚝 만한 벚나무를 한 그루씩 심을 때는 평상 두 개가 있었다. 10여 년 전이었다. 그때 남식 씨 눈빛은 산머루 같았고 웃음은 곰취를 닮아 있었다.

"방동 약수 한 잔 마시고 곰배령 산행 다녀와 이 계곡에 발을 담그고 수박을 쪼개 먹으면 춥죠, 추워."라고 말하던 그 사람이 보이지 않는다. 첫 만남에서 보였던 눈빛은 평상이 늘어나고 피서객이 몰려들수록 심지가 세워졌다. 필사적으로 풀을 깎고 연기를 피우며 왁자한 캠퍼들의 두런거림에 신경이 곤두서기 시작했다. 남식 씨는 그럴수록 평상을 더 늘려가며 '자리'를 잡아갔다. 가끔 '이게 아닌데'라는 생각이 들었지만 깊숙이 파고든 비즈니스는 남식 씨의 숙면과 휴식을 빼앗아갔다. 코로나로 몇 해를 쉬다가 들른 진동계곡 물은 여전히 패기 넘치고 흐름과 수심은 더 깊어졌다. 사람들이 몰려들수록 사람을 멀리하는 법을 터득한 덕분일 것이다.

아이 손목 만한 새끼 백구의 힘에도 밤새 휘청이며 시달리던 벚나무는 20대 청년의 허벅지보다 더 굵어졌다.

나는 여름 한가운데를 지나면 진동계곡과 남식 씨를 잊을 수가 없다. 그의 심지 깊숙이 박힌 눈빛, 꿈, 낭만, 그리고 수박과 백구와 계곡을 따라 퍼져가던 웃음소리…. 우리 텐트는 어느 각도에서 보아도 늘 삐딱했지만 최고의 숙면과 휴식을 준 텐트였다. 텐트는 10년 넘게 우리를 지켜주다가 강릉 주문진읍 향호리 해변에서 마지막 임무를 마치고 떠내려갔다. 폭우에 늘 시달리던 생을 폭우에 맡긴 일생이었다. 아낌없는 생이었다.

텐트와 함께 연가리도 멀어져가고 남식 씨 소식도 아련해가던 중 다시 연가리에 도착했다. 맑은 공기와 진동계곡의 깊은 수심은 여전하지만 남식 씨는 디스크 파열로 인천으로 돌아가고 없었다. 일본의 수장이 죽었고 텐트에서는 생일 축하 노래가 울려 퍼지고 있다. 여름밤의 '오로라 불멍'은 물길보다 더 신비롭게 흐느적거렸다. 저 푸르고 슬픈 불길은 지독한 인생을 살아온 고독한 영혼이다.

그 자는 평생 염치를 찾아볼 수 없던 인간이었다. 나는 그 나라의 작가다운 작가, 사나이 중의 사나이의 글 속 영혼의 전언으로 간파할 수 있었다. '연필 한 자루, 다행히 건강해 병치레 한 번 하지 않는 아내, 백구, 정원, 장미, 오토바이, 가죽 재킷과 삭발, 야쿠자의 눈빛, 죽음을 응시하는 표독한 눈동자….'

달에 울다. 납 장미. 봐라. 달이 뒤쫓는다. 천년나무, 천일의 유리, 좁은 방의 영혼, 여름의 흐름, 파랑새의 밤, 물의 나라, 사는 것은 싸우는 것이다. 천 년 동안 언젠가 바다 깊은 곳으로. 개와 웃다. 나는 길들지 않는다. 검둥수리…. 고독한 자여! 무탈하신지요? 그 자의 죽음 너머로 당신이 걸어갑니다. 그리고 이렇게 소리 지릅니다. '허튼소리 집어치우고 너대로 살다가 깨끗이 퇴장하라!!!' 불멍, 오로라, 겐지, 남식 씨, 디스크, 악보의 선율이 여름을 타고 연가리 진동계곡을 타고 흐른다. "아…, 그러게요. 적당히 해야 했는데 제가 어리석었어요. 이만큼 당해봐야 안다니까요. 그래도 이렇게 기억하시고 연락주시다니…." 남식 씨는 악보 원고 출판 건을 상의하러 한 번 들르겠다는 말을 남기고 시무룩하게 전화를 끊었다.

팽이의 온도 37℃

# 쥐눈

나는 고양이가 쥐보다 더 싫어. 그 세로로 박힌 눈동자를 들여다보면 오싹해. 쥐 가족의 이동 경로를 따라다니며 그 길목마다 끈끈이를 붙이며 살아가는 쥐 사나이는 눈이 쥐를 닮았다. 쥐눈을 아는가? 그 투명하고 선명한 빛과 검푸른 눈을 따라 파르르 끊임없이 들썩대는 콧등과 수염을 가진 쥐. "얘들은 가족애가 두터워요. 선발이 먼저 시장조사를 하고 돌아와 무리에게 귀띔하죠."

'괜찮다'고.

겨우 찾아낸 빵부스러기랑 햄, 코다리 양념. 근처에 온 가족이 들러붙어 있는데 겨우 발 뒤꿈치를 버리고 달리는 쥐의 길목에 졸고 있던 고양이 눈이 지키고 있었다. 저 눈만 보면 몸이 말을 듣지 않는다. 통증이 싹 가시는 공포. 뒤돌아 갈 수 없는 구멍이지만 잽싸게 몸을 피하다가 꼬리에 붙은 살점이 뭉턱 씹힌다. 녀석은 야광이다. 피맛으로 허기를 달래고 아예 구멍 앞에 진을 치고 엎드려 있다. 시도 때도 없이 거세를 당하면서도 놈들은 좀처럼 사라지지 않는다. 인간들과 공존하는 음흉함까지 갖춘 눈동자는 사후 세계를 간파한 게 틀림없다. 그 증거로 가족을 쉽게 버린다. 새끼는 먹이를 위해서라면 어미의 목도 가차 없이 물어 제낀다. 쥐는 그런 생각을 하며 숨을 몰아쉬며 살 방도를 곰곰이 생각하지만 몸이 말을 듣지 않는다. 아! 연대, 동지애, 가족애가 있었지. 우리에게 그런 게 있었지. 그런데 그게 더 많은 폭력과 독재와 안하무인을 불렀다. 그것은 정의보다 욕망을 불러냈다. 끈끈이는 끈끈이고 가족은 가족이고 연대는 연대고 하물며 '나는 나다'에 생각이 미치자 마음이 누그러진다. 좋아! 해변으로 가자. 파도 소리가 들리는 곳으로 가자. 그곳 바위틈에는 맑은 비린내와 살아

있는 생선과 파릇파릇한 눈동자들이 득실거린다.

파도 소리가 들린다. 그래. 너의 음흉함을 응징해주마. 쥐는 초롱초롱한 눈매를 치켜뜨며 생각한다. 저 눈 사이의 가느다란 틈새로 정면 돌파하기로 결심한다. 눈동자 속으로 난 영혼의 길목 속으로 깊숙이 내 생명을 꽂아넣자. 쥐는 발톱을 콘크리트 사이에 박힌 철근에 대고 슬금슬금 톱질을 시작한다. 발톱은 점점 날카로워진다. 세상 곳곳의 지진과 바람과 화산을 감지한 쥐눈들이 별처럼 반짝인다. 오늘 천사 같은 한 사람이 이렇게 말했다. "나는 고양이가 쥐보다 더 싫어. 그 세로로 박힌 눈동자를 들여다보면 오싹해."

팽이의 온도 38℃

# 설렘, Always Do It Now!

변화, 그 미지의 세계는 언제나 두렵다. 한 번 기가 꺾이면 꺾인 기는 온몸을 잠식해 의지를 무너뜨린다. 새로운 세계에 대한 기대도 희망도 사라지고 두려움과 상처의 흔적들만 고개를 든다. 마음이 지옥인 사람을 도와주는 일은 설렘이라는 에너지가 필수다. 유산균 음료 12개, 열 개들이 약과 한 봉지, '변화를 돕는 의사소통 카드' 상자. 기가 꺾인 채 몇 번의 죽을 고비를 넘기고 겨우 인생의 반환점을 넘어선 사람들. 참여자 중 한 명은 사람에 대한 실망을 이렇게 표현했다. "사람은 누구나 자신의 이익을 위해 주변을 이용한다는 건 알고 있었지만 그 정도일 줄은 몰랐다. 웬만하면 믿지 않겠다고 다짐했는데 수렁에 빠지듯 모두 믿음을 저버렸다." 참여자들이 노숙을 택하게 된 경로는 사람에 대한 불신으로 시작되었다. 사람에 대한 믿음이 사라지는 과정은, 마치 밀폐된 어항에 물이 차올라 숨 쉴곳이 사라지는 것과 같다. 사람이 뱀보다 더 싫어진다. 숨이 차올라 눈동자가 돌아갈 만큼 허기가 지면 엄청난 두려움이 몰려온다. 엄습한 두려움은 손발을 결박하고 의지를 묶어버린다. 그래서 무작정 거리로 나선다. 다리 밑, 역 대합실, 화장실 추녀 아래, 빈집, 공사장 비계, 재고창고에서 한철을 보내고 병이 들어 병원에서 사경을 헤맨 후 결국 들어서는 곳이 노숙인 거주시설이다.

팽이는 말한다. '게으르고 자아를 버리지 못한 자들이야. 그런 자들 염두에 두지 말고 우선 너부터 돌아봐. 너는 과연 믿을 수 있는 사람인지, 변화가 가능한 인간인지.' 자아를 버리지 못하기로는 나도 마찬가지였다. 40년 넘도록 제비둑 언저리를 벗어나지 못하고 배회하고 있으니. 그리움은 팽이의 심장이 되어 마을 어귀를 떠돌고 비워내지 못한 추억은 켜켜이 쌓여 새벽 안개로 피어난다. 팽이는 조용히 나를 빠져나가며 다시 말했다. '너는 과연 너를 믿을 수 있는가?'

산등성이를 마주한 아파트 15층에 서서 허물어진 능선을 바라본다. 팽이는 반딧불처럼 산등성이를 날며 나를 쳐다본다. 까마귀와 장끼 몇 마리가 후두둑거리며 날아오른다. 베란다에 달빛이 비친다. 베란다 창틀에 두 발을 올리고 서있던 나는 숲속에서 반짝이는 반딧불을 본다. 반딧불이 날아오르는 쪽으로 편백나무 숲이 떠오른다. 그 숲에서 팽이는 태어났다. 아버지는 손의 감각과 소리만으로 팽이를 만들어냈다. 아버지는 어린 아들의 손을 잡고 편백나무 숲으로 갔다. 아버지가 의지한 것은 냄새와 촉감뿐이었다. 아버지는 이렇게 말했다. "어디서 쇠꼬리를 끓이는가 보다. 구린내가 난다." 아버지는 튼실한 편백나무를 잘라 아들에게 팽이를 만들어줬다. 팽이는 온통 아버지의 손때로 만들어졌다. 아버지가 보지 못한 것들을 팽이가 볼 수 있는 것도 아버지의 부단한 손때 덕분 아닐까. 집까지 나무를 끌고 와 껍질을 벗기고 며칠 동안 말렸다. 토막을 내 깎고 사포로 며칠 동안 문지른 후 아주까리(피마자) 기름을 먹였다. 배꼽에 불에 벌겋게 단 쇠구슬을 박아 넣을 때는 경건한 침묵이 흘렀다. 눈먼 아버지는 뜨거운 쇠구슬을 박아 넣을 때 아들에게 물었다. '이쯤이 맞을 거다. 그렇지?' 쇠구슬을 단단히 박아 넣은 아버지는 할 일을 마친 듯 사랑방에 앉아 큰소리로 시조를 읊었다. '청산리 벽계수야, 수이 감을 자랑 마라. 일도 창해하면 다시 오기 어려우니. 명월이 만공산 하니 쉬어간들 어떠리.' 슬레이트 지붕에는 함박눈이 쌓여가고 고드름이 추녀에 주렁주렁 달렸던 겨우내 아버지는 사랑에서 나오지 않았다. 팽이는 논에서 날아오르며 시조 소리를 들었다. 편백나무숲을 지나가는 바람이 아버지의 목청을 싣고 능선을 오르내렸다. 겨울이 가고 봄 들판에는 아지랑이가 피어올랐다. 독사풀, 냉이, 민들레, 질경이들이 온 들판을 초록으로 물들였다. 겨울이 끝나기를 기다려 이사를 떠났다. 도망치듯 떠난 이사였다. 아버지의 시조 소리에 하늘이 꺼져라 한숨을 쉬던 어머니는 사랑에서 흘러나오는 시조 소리를 들으며 세상을 떠났다. 말 없는 인생이었다. 돼지가 새끼 13마리를 낳을 때 새끼 대신 배를 내주며 돼지를 밖으로 던진 날도, 돼지에 물린 배에서 피가 뚝뚝 떨어질 때도, 이웃집에 마실갔던 아버지가 방향을 잘못 잡아 담벼락에 부딪혀 논에 나뒹굴어 밤새 논을 헤집다가 겨우 돌아왔을 때도 '아이구, 이 양반아.'라며 흙투성이가 된 아버지의 등을 조용히 씻겨줄 뿐 말이 없었다.

수용, 모험, 예술성, 안락, 가족, 건강, 용서, 희망, 내적 평화, 존엄성, 사랑, 중용, 자기통제, 자존감, 검소, 일관성, 부, 세계 평화…. 이 중에서 지금 당신에게 중요한 가치를 찾아보라. 수용, 수용, 수용, 나도 수용. 참여자들은 '워낙 당해서.'라고 덧붙이며 대답했다. '가치(예를 들면 '수용')를 선택한 사람은 그 가치의 의미를 읽어주시고 카드 뒷면에 있는 인정하기 문장을 읽어주세요. 나머지 분들은 선택한 가치에 대해 인정하기를 해주세요.'라고 활동을 안내하면 참여자들은 다음과 같은 활동을 하게 된다. '수용, 자신과 상대방을 있는 그대로 받아들이고 존중하는 것. 나는 나와 상대방을 있는 그대로 존중하는 것이 중요합니다. 당신은 상대방을 있는 그대로 존중하는 것을 중시하는 사람이네요.' '네, 그렇습니다. 저는 무엇보다 그것이 중요합니다.' 관계를 여는 열린 질문카드 활동에서는 15개 번호가 있는 다트판을 맞추는 활동에서 맞춘 번호에 따라 대답하기를 한다. 예를 들어 ⑩ 님이 잘하는 것은 무엇인가요? ⑦ 언제 화가 나시나요? ④ 포기하지 않고 해낸 게 있다면 무엇인가요? ① 어떻게 행복해질까요? ② 언제 즐거우신가요? 등의 질문에 대답하는 것이다. 참여자들은 질문에 답변하는 활동보다 다트를 맞추는 과정에 더 흥미를 갖고 참여한다. 앞사람과 같은 번호를 맞추면 상품이 걸려 있기 때문이다. 이렇게 살아가면 안 될까? 어떤 목적지에 도달하는 일 보다, 삶의 과정 속에서 더 구미를 당기는 선물 같은 건 없을까? 참여자들의 목소리는 점점 더 높아지며 앞사람 번호와 일치하지 않으면 아쉬운 탄성을 질렀다. 번호를 맞춘 사람에게 파트너가 질문한다. ①번 당첨입니다. 당신은 어떻게 행복해질 수 있나요? 질문을 받은 사람이 갑자기 다트를 내려놓고 자리에 앉는다. 그냥 지금처럼 이렇게 다트를 던지면 되지 않을까요? 팽이는 생각한다. 몸으로 생각하고 가슴으로는 여름 한가운데를 관통하자. 그냥 그걸 매일 해보자(위에 표기된 1~15의 질문카드는 '변화를 돕는 의사소통 카드'의 관계를 여는 질문임).

팽이의 온도 39℃

# 편백나무의 영혼

시간은 많은 것을 삼키고 변화시킨다. 시간은 공평하다. 스스로 도는 팽이는 그저 보이는 것, 움직이는 것, 흐르는 것을 바라본다. 그럴 때마다 나는 팽이에게 말해준다. '제법 잘 버티고 있다'라고 감정이 극도로 상승한 어느 날 나는 이런 말을 했다. '내가 엄두도 못 내고 벌벌 떤 일을 그 아이는 멋지게 해냈어. 13살에 세상의 짐이 된다는 통찰을 하다니. 엄마가 스트레칭하던 그네에 목을 맨 건 대단한 결단이었어.' 팽이는 말했다. '너와 다른 점은 너는 엄마에게 선수를 빼앗겼다는 거겠지. 뭔가에 갇히지 않고 단번에 해치운 거지. 그러나 아직 어려서인지 성급한 감이 있었어.' 가출이나 노숙은 생각조차 못 했다는 거. 그 아이의 입장에서는 가만히 한 걸음도 내딛지 못하거나 나처럼 징징대며 겨우 살아가는 것보다 훨씬 나은 선택일지도 몰랐다. 하물며 그 아이의 결단 이후 뒤처리도 깔끔히 이뤄졌다. 살아있는 엄마의 재혼문제나 일터에서도 계속 신경쓰이던 따돌림 문제, 무엇보다 엄마의 한숨 끝에 붙어 겨우겨우 연명하던 불면의 밤까지 한꺼번에 해결된 셈이다.

두 팔이 없는 석창우는 못 할 이유를 찾을 시간에 할 수 있는 방법을 찾으라고 말했다. 그에게는 세 가지가 있었다. ① 지금 당장 할 수 있는 것 ② 오랫동안 연습하면 할 수 있는 것 ③ 아주 오랫동안 연습하면 할 수 있는 것. 수묵 크로키 화백 석창우가 발견한 인생의 원리다. 지금 갖고 있지 않은 것이 있었다면 훨씬 더 많은 성취를 이뤘을까? 그에게 두 손이 있었다면 더 많은 성취를 이뤘을까? 어쩌면 그는 두 손만 잘 쓰는 사람이 되지 않았을까? 그는 두 손이 없어 손보다 몸 전체를 써야만 얻을 수 있는 필력을 얻은 셈이다. 15년간 하루 10시간씩 글을 쓰고 그림을 그린 그는 단번에 인생의 화두 'HOW'를 찾았다. '왜 하필 내게 이런 일(What)이'라는 투정 대신 현재의 자신을 정면으로 바라보고 즉시 연습을 시작했다. 팽이는 문득 아련한 기억이 되살아난다.

소죽을 쑤는 아궁이 맞은편에는 땔감이 가득했다. 자루에 묶인 가랑잎과 들깨대궁, 왕겨에 묻혀 겨우 숨쉬고 있는데 온몸이 더운 물을 뒤집어 쓴 듯 후끈 달아올랐다. 부엌을 지나가던 개가 뼈다귀로 생각해 튼튼한 어금니로 팽이를 물고 개집으로 들어갔다. 김이 모락모락 피어오르는 개의 입에서 누린내와 함께 사방에서 흘러나온 침이 온몸을 덮었다. 온몸이 울퉁불퉁하도록 깨물 때 배꼽에 힘을 줬다. 개는 '깨갱' 소리를 내며 팽이를 멀리 뱉어냈다. 개의 혀가 지져졌는지 살이 익는 냄새가 풍겼다. 개는 얼얼해진 혀를 길게 빼고 앓는 소리를 냈다. 개밥그릇 옆에 누워 한 번 더 회전해 우물을 지났다. 하마터면 우물에 빠질 뻔했다. 그 깊은 수심을 얼핏 보니 찬 기운이 쑥 올라온다. 특히 개 이빨 사국이 난 곳들로 피가 솟구치는 느낌이었다. 말벌처럼 온몸을 뒤뚱거리며 힘겹게 날아올랐다. 그러나 30㎝ 이상 오르지 못하고 바닥에 다시 나뒹굴었다. 마당 화단 쪽 땅이 푸석한 곳에 떨어져 회전을 가한다면 땅속에 박힐 수도 있다. 회전 속도를 더했다. 고양이가 화단 뒤에 숨어 노려보고 있었다. 허기를 달래줄 쥐의 움직임으로 착각했는지 눈을 부릅뜨고 이쪽을 노려본다. 늘 그런 식이다. 포착, 상대방 오금을 저리게 하는 '띠야옹' 소리, 발톱, 속도, 그물처럼 몸을 펴 송곳처럼 찍어내리는 동작. 큰 그물이 온몸을 엄습하는 기분이 들 즈음 팽이는 재빨리 배꼽에 힘을 줘 고양이의 두 앞발 사이 턱을 힘껏 치며 날아올랐다. 나는 쥐가 아니다. 나무토막도 아니다. 뻐다귀도 아니다. 나는 편백나무의 영혼이다. 나는 흐르는 자다. 개나 고양이의 먹이가 아니다. 하물며 땔감도 아니다. 나는 한 토막의 나무토막으로 전락할 절체절명의 위기에서 살아나 움직이는 자다. 탄생의 비밀이나 신비 따위에 머물 수는 없다. 탄생 자체가 위대한 정체다. 아버지는 마지막 싸움을 준비하고 있다. 눈이 아버지의 활동을 극도로 제한해 어쩔 수 없이 피폐해지는 육신을 추스려야 했다. 아버지는 당신의 하나뿐인 존재 이유인 목청을 최대한 가다듬어 소리를 남겨둘 채비를 한다. 그렇다고 사람들의 조직 속에 무리지어 흔적을 남기려고 하지는 않는다. 아버지는 어디든 상관없다고 생각한다. 진눈깨비가 쏟아지는 제비둑 너머 방죽과 들판 곳곳에 숨은 기운에게 소리를 전해주려고 한다. 특히 부지런한 종달새에게 매달린다. 들판 한가운데를 높이 날아올랐던 종달새라면 믿을 만하다고 생각했나 보다. 목이 터져라 시조 가락을 읊어댄다. 목울대에 핏줄이 팽창한다. 어디서 나타났는지 종달새 두세 마리가 방죽에 목을 축이고 들판으로 날아오른다. 생명은 눈에 보이는 게 다가 아니다. 뿌리를 모르면 말짱 공염불이다. 아버지의 시조 소리가 들판으로 방죽으로 그 너머 강으로 산등성이로 퍼져나갈 때 그런 소리를 들었다. '나는 소리다. 편지다. 빛이다.' 그 소리를 들은 것은 나와 종달새 두 마리, 그리고 아직 30㎝ 이상은 날지 못하지만 자신의 영혼을 받아들인 팽이뿐이다. 소리가 빠져나간 아버지의 등은 부패하기 시작했다. 노래가 빠져나간 아버지의 몸은 금세 눅눅해졌다. 그리 나쁘지 않은 인생이었다. 평생 뿌리를 찾아 떠돌아다녔고 남는 시간에는 시조를 읊었다. 덕분에 가족은 뿔뿔이 흩어졌다. 각자 스스로 살아가지 않으면 안 된다는 증거로 자식들에게 따뜻한 눈길 한 번 주지 않았다. 자신에 이어 어머니를 먼저 떠나보냈고 뒤이어 같은 나이에 둘째 아들을 데려갔다. 셋째인 나는 그 모든 것을 보면서 자랐는데도 아직 잘 버티고 있다. '나를 이렇게 버티게 한 것은 편백나무의 혼백이 아닐까?'라고 말하자 듣고 있던 팽이가 덧붙였다. 어쩌면 이런 결과는 아버지만의 결실은 아니다. 그 부분에는 어머니도 한몫했다. 똥통에 삽살개가 빠져 허우적거릴 때 어머니는 개의 귀를 잡아 논바닥에 던졌다. 개가 언덕을 올라오려고 하면 개를 자꾸 논바닥으로 밀어냈다. 똥독이 빠져야 한다는 것이었다. 그때 어머니의 손은 개의 귀를 들고 있었다. 귀가 떨어진 개는 진흙과 똥과 피가 섞인 채 몇 번씩이나 언덕을 오르내렸다. 언덕을 오르자 비로소 어머니는 개를 자루에 담아 냇가 빨래터로 데려가 빨랫비누로 씻겨줬다. 귀는 어쨌는지, 그 후로 개는 어떻게 되었는지 알 수 없지만 그 개의 투명한 눈빛만은 내 안구를 통해 심장 근처에 박혀 있다. 팽이가 쇠구슬에 힘을 줘 회전 연습을 할 때마다 내 심장의 일부가 욱신거린다. 팽이는 어느새 아버지가 서있던 제비둑까지 날아왔다. 제비둑은 분주하다. 종달새가 높이 날고 방죽에는 수많은 종류의 생물들이 생태계의 한몫을 차지하고 있다. 구슬에는 이끼가 끼어 참게와 방개의 은신처로 변했다. 참새 한 무리가 눈을 부릅뜨고 들판을 가로질러 날아간다. 팽이는 연습할 때만큼은 많은 것이 괜찮았다. 배꼽에 집중하고 조금씩 날아오를 때는 황량한 들판이라도 괜찮고 진눈깨비가 내려도 괜찮았다. 연둣빛이 초록으로, 초록이 햇빛에 익어 갈색으로 변해가도 괜찮았다. 등걸에 넘어져 무릎에 피가 나도 괜찮았고 땡볕에 어깨가 쪼개지는 아픔이 와도 괜찮았다. 하물며 쪼개진 어깨에서 서툰 날개가 돋아도 날아갈 꿈을 꿀 때만큼은 괜찮았다. 팽이는 들판을 한참 바라보다가 집으로 향했다. 제비둑은 텅 비어 있었다. 회전 연습을 할 때 팽이는 많은 것이 괜찮았다. 광 앞에서 팽이는 조용히 온몸의 힘을 뺀 채 누워 있었다. 햇빛이 온몸 구석구석을 파고들었다. 팽이는 자신의 몸에 나와의 추억을 조용히 포개고 말했다. '그래, 이제 나를 알겠어. 집에서 너무 멀리 떠나왔다는 것도. 진짜 내가 있을 곳도 조금 알 것 같아.'

5장

# 가을, 비워낼 용기
(9~11월)

팽이는 빗소리에 잠을 깼다. 피곤해서인지 깜빡 잠이 들었다. 잠에서 깨면 언제나 그 산등성이였다. 온몸이 축축이 젖었다. 저 들판의 사계절을 모두 음미하고 돌아갈 생각을 하며 잠들었다. 연습 때문인지 어제 잠이 든 숲, 밭고랑 가장자리에서 조금 벗어나 있었다. 더 정상 쪽으로 이동해 있었다. 배꼽 쇠구슬에 집중해서인지 땅에는 깊은 고랑이 패여 있었다. 팽이는 이렇게 말했다. '회전 속도를 더 높여 지금보다 더 빠르고 정교하게 회전하는 거야.' 비가 내린다. 비는 내리자마자 숲으로 밭으로 스며들고 동생의 몸은 산화해 이미 잡초나 깨의 거름으로 변했을 것이다. 여린 뼈와 골상은 흐물흐물해져 작은 돌조각들과 구분하기도 어려울 것이다. 분명히 기억한다. 집이 잘 내려다보이는 위치다. 논두렁에 미루나무가 갈색 잎을 틔우며 흩날렸다. 아버지의 쟁기질과 써레질이 보였다. 멀리 아지랑이가 피어오르는 들판, 제비둑, 심지어 강물의 수평선까지 내다보였다. 팽이가 지상을 박차며 날아오르던 흔적을 따라 생긴 고랑에 빗물이 흐른다. 온몸으로 '후드득' 내리는 비를 피해 팽이는 떡갈나무 잎사귀 아래로 자리를 옮긴다. 피곤해서인지 흉한 꿈을 꿨다. 까마귀와 솔개가 번갈아 날아와 등짝을 쪼아대는 꿈이었다. 그들은 이렇게 말했다. '분명히 들쥐처럼 움직였는데 아무 맛도 없잖아. 나는 속도로 봐서는 간식이 될 산까치 정도는 될 줄 알았는데…. 퉤퉤! 아무 쓸모도 없잖아.' 그들의 기분 나쁜 울음소리가 빗소리와 함께 온몸을 감쌌다. 개운찮은 꿈이었다. 편백나무숲 이곳저곳에 얹혀사는 주제들이. 팽이는 중얼거리며 선잠에서 깼다. 빗속을 달려가던 어머니의 우산, 한때 물고기를 잡아 의기양양 귀가하던 아버지의 목소리, 장날이면 왠지 흥이 돋던 저물녘 소방울 소리, 막내의 '까르륵' 웃음소리가 들리던 한때의 우리 집에는 적막감이 감돈다. 팽이는 청색 슬레이트 지붕을 내려다본다. 산골에서 벗어나 온가족이 이사한 그해 지붕을 걷어낼 때 커다란 구렁이가 나왔던 지붕이다. 구렁이는 집을 지켜주는 수호신이라고 조용히 저대로 떠나게 해줬다. 그 구렁이는 어디로 갔을까? 지붕 여기저기서 굼벵이가 움틀댔다. 아버지는 양푼에 굼벵이를 꼼꼼히 담았다. 몸보신에 특효라며 환하게 웃었다. 초가 지붕을 걷어내고 청색 슬레이트 지붕을 올리던 날이 기억난다.

기억의 경계를 넘으니 많은 것이 보였다. 팽이는 눈을 감고 숨을 크게 들이마셨다. 회전이 극도에 달할 때, 지독하게 외로울 때, 두려움이 극에 달했을 때, 마지막 한 걸음의 기력조차 없을 때, 빙산 앞에서 무릎뼈가 드러날 만큼 미끄러졌을 때, 나를 가로막는 또 하나의 나를 격추할 때 비로소 보인다. 보이지 않던 것들이 보인다. 경계를 넘어서지 못하면 수치심과 죄책감에서 벗어날 수 없다. 교만하기 짝이 없는 자아는 머리를 지배하고 머리는 육신을 통제해 소금 맞은 미꾸라지처럼 서둔다. '그래, 날아오르길 잘했어. 연습한 보람이 있는 걸.'이라며 팽이는 긴 날숨을 내쉰다. 배꼽 쇠구슬만 있으면 된다. 저 심장에 단단히 집중하고 회전하면 된다. 지난 시간들이 바람처럼 지나간다. 어느 것 하나 걸리지 않고 거침없이 통과한다. 썩은 내를 풍기던 집착들이 이곳에 고여 있었다는 생각이 들었다. '연습 부족 탓이겠지.' 팽이는 이제 자신을 가로막는 또 하나의 자신을 격추했다는 희열에 사로잡힌다. 자신을 격추하고 나서 이곳을 떠날 즈음 많은 것이 제자리를 찾을 것이다. 하물며 집을 떠난 많은 것이 자신의 집을 찾아낼 것이다. 팽이는 청색 슬레이트 지붕을 내려다본다. 49년의 세월, 모친이 죽음을 맞은 나이다. 자식들은 하나둘 그 나이를 지나가고 있었다. 49년, 딸이 지나가고 첫째 아들이 지나가고 둘째 아들이 그 나이를 지나가고 있다. 팽이는 중얼거렸다. '이 정도 세월이 흘러야 많은 것이 제자리를 찾는군. 내 후반기는 어떻게 되는 거지? 온몸이 이렇게 굼실거리고 쇠구슬은 시도 때도 없이 달아오르고 아직 제비둑의 사계절을 살아내지도 못했는데….' 팽이는 생각이 난 듯 말했다. '그렇지. 방죽에서 시작하면 되겠군. 딱지치기나 구슬치기가 아무 소용이 없다는 걸 깨닫게 해준 그곳, 태우고 쏟아버리던 그곳의 추억으로부터 출발하면 되겠군.' 그 순간 팽이의 온몸에 기운이 불끈 솟았다.

비가 내리는 날 제비둑까지 가려면 산의 경사면을 최대한 이용해 회전해야 한다. 2~3시간이면 제비둑에 도착할 수 있을 것이다. 날이 어두워지기 전에 방죽에 도착해야 한다. 팽이는 지금 이 기분을 놓치고 싶지 않다. 이동 중에 경운기나 하다못해 리어커를 끄는 아이라도 만나면 시간은 절반 이상 단축할 수 있을 것이다. 그 지점에서 시작하자. 팽이는 의기양양했다. 팽이는 정확히 기억하고 있었다. 내가 구슬을 쏟아붓던 방죽과 딱지를 태우던 언덕배기를. 그 현장에 분명히 팽이가 있었다. 용케 알아냈다. 내 주머니에 있었을지도 모른다. 팽이가 분명히 현장을 기억하는 걸 보면 틀림없이 그날 어딘가에 팽이가 있었다. 주머니 어딘가에 몸 어딘가에 보이지 않는 욕망 어딘가에 분명히 팽이가 지켜보고 있었다. 어쩌면 자아일지도 모른다. 집을 떠나 왔지만 집 주위를 맴도는 자아. 제비둑, 방죽, 또랑, 물방개, 메기, 참붕어, 억새풀, 넓고 푸른 들판, 종달새, 둥지. 언제나 아침이면 팽이가 맞는 그 자리, 둥지에는 이렇듯 수많은 마음이 흐른다. 가뭄이 극성을 부리던 어느 여름 쩍쩍 갈라지는 논바닥 사이에서 입을 뻐끔거리던 올챙이들은 어디로 갔을까? 숨이 꼴까닥 넘어가는 그 순간 '투두둑' 빗방울이 떨어졌다. 올챙이의 마른 입이 빗방울에 움푹 들어간다. 동시에 물기가 목구멍으로 넘어가는 순간 올챙이는 꼬리를 한 번 더 파닥인다. 한 방울, 두 방울 '투두둑' 떨어지는 빗줄기. 팽이는 눈을 부릅뜨고 쇠구슬에 집중한다. 아래로 쏠려있던 무게중심이 허리를 지나 위쪽 겨드랑이로 올라온다. 이제 집중하면 수직으로 3m 이상 날아오를 수 있다. 공중에 뜬 상태에서 온몸의 힘을 빼 산 아래쪽으로 뒹굴면 금세 산 밑에 다다를 수 있다. 숲을 지나 담벼락, 논, 자갈길, 개울을 지나야 제비둑에 이를 수 있다. 팽이는 공중에서 날며 한쪽으로 쏠릴 때 햇빛에 갈라진 등에 힘을 준다. 등에서 '우두둑' 소리가 난다. 등짝이 굼실굼실하다. 등과 어깨가 쪼개져 날개가 돋아나는 상상에 사로잡힌다. 땅의 수액을 빨아들여 잎이 돋아날 뿌리 자리에 쇠구슬이 박혀 있다. 수액 대신 대지의 기운을 감지할 의식이 대지에 축축이 뿌리내린다. 잎이 돋아날 자리에 바람이 지나간다. 산등성이에 새까맣게 날아오르던 까마귀들이 먹구름을 배경으로 편백나무 숲으로 날아간다. 팽이는 오랜만에 깊은 잠에 빠진다. 잠 속에서 끝없이 날아오른다. 제비둑을 선회하던 늙은 솔개가 팽이를 낚아채 하늘 높이 날아오른다. 팽이는 생각한다. '나는 나를 격추할 수 있는가?' 온통 나를 감싸고 있던 자아를 떠나 이곳에 도착했다. 나를 담고 있던 육신은 내가 떠나 더 홀가분해졌을 것이다. 차라리 그게 나을지도 모른다. 두 개의 '나'로 인해 얼마나 많은 고통이 동반되는가. 꿈속에서 부리도 발톱도 쓸모가 없어진 솔개가 비틀기리며 논 한가운데를 걸어가고 있다. 솔개는 작심한 듯 부리로 바위를 쫀다. 부리가 뽑혀나가고 발톱이 빠져나온다. 발톱 자리에서 새 발톱이 나오면 그 발톱으로 깃털을 하나하나 뽑는다. 발톱, 부리, 깃털을 모두 뽑아낸 솔개가 협곡 위에서 팽이를 고즈넉이 내려다보고 있다. 들판 논두렁 가에 솔개가 뽑아낸 늙은 발톱과 부리, 깃털이 이리저리 날리고 있다.

팽이의 온도 40℃

# 포자가 머무는 자리

홀씨가 온 들판으로 퍼져나갔다.

머물 곳을 정해둘 만큼 용의주도하지는 못하다. 믿고 기다리고 그의 입김과 온기, 그가 평생 보듬은 사명을 느끼며 날아올라 두둥실 허공에 떠올랐을 뿐이다. 그가 바다 깊은 곳이나 사막 한가운데로 나를 옮겨가도 그럴 만한 사연이 있을 것이다. 누구든 사연 하나쯤은 간직하고 눈물을 머금고 참았던 기억이 있을 테니까.

잎을 포기하고 대궁만 학처럼 여윈 민들레의 못다 한 이야기처럼. 어디든 여기서 멀리 가렴. 이곳은 너무 좁고 번잡하단다. 나는 여기까지 까치발로 버텨냈으니 지금부터는 네 몫이야. 그 마음을 믿고 떠나왔다. 뒤돌아보니 모두 눈치챈 듯 죽을 힘을 다해 단장하고 있다. 가을 하늘을 날아가는 포자를 보라. 세상이 이렇게 아름다울 수 있다니! 포자이길 잘했다. 수많은 씨앗이 산짐승, 하물며 더 무시무시한 도심 인간들의 먹이가 되어 흔적도 없이 사라졌다. 나를 세우려고 내려놓지 못한 것들의 최후는 저토록 아름다울 수 없을 것이다. 언감생심.

가을이 깊어갈수록 눈을 부릅뜨고 봐둬야 한다. 그래야 오래오래 생이 존귀해질 테니까. 그리움이 물밀듯 밀려온다. 이제 더 이상 주저앉거나 울 수 없게 되었다. 저 눈부신 포자의 마음을 봐버렸으니. 밤이 깊어 풀벌레 소리가 밤공기를 가른다. 저 노래가 음정이 화음이 포자를 세상 끝까지 실어 나른다. 그 순간 목이 멘다.

팽이의 온도 41℃

# 가을비

빗방울이 내린다. 가을비. 낙엽은 떨어지고 몇몇 단풍은 가랑잎이 되었다. 또 몇몇은 여전히 홍조빛이다. 아쉬운가 보다. 가을이. 눈물이 흐르지 않게 고개를 들어보니 보인다. 까치 연시, 알맹이만 주렁주렁한 감, 감들. 이가 없어 유난히 감을 좋아했던 어머니를 위해 목숨을 걸었다. 감나무 꼭대기에 남은 까치 연시. 연시 중 가장 달고 붉고 맛난 그것을 따려면 목숨을 걸어야 했다. '이걸 어떻게 땄니?'라며 어머니는 까치 연시 세 개를 게걸스럽게 드신다. 저렇게 좋아하시는 것을 꼭 이맘

때만 선물할 수 있다는 게 아쉬웠다. 여전히 두근거리는 가슴을 쓸어내리며. 가을비 내리는 저물녘은 봄을 닮았다. 깡마른 나뭇가지, 수북한 가랑잎, 푸른빛이 감도는 서쪽 하늘 아래 꼼지락거리는 생명들…. 아마도 둘 중 하나일 것이다. 겨울을 준비하는 다람쥐이거나 보리싹. 여기는 가을인 동시에 봄인지도 모른다. 겨울은 이만하면 충분했으니 내 생에 겨울은 보이지 않는다.

세상에는 닮은 꼴들이 정말 많다. 봄과 가을, 여름과 봄, 방황과 겨울, 삶과 죽음. 그리움이 강물을 넘으면 닮은 것들도 범람하겠지. 가을비 소식이 기쁜 것은 이 범람 때문이다. 홍수가 질지도 모른다. 그래서인가. 나는 쏟아지는 빗소리가 좋다.

팽이의 온도 42℃

# 흐르는 것이 어디 사람뿐이랴

백 년이 넘은 느티나무 꼭대기 까치둥지에서 내려다보면 백 년의 세월이 보일 것이다. 굶주린 배를 가로질러 흘러간 배추와 무. 가을이 무르익어 백 년 넘게 맞은 늦가을 저녁과 새벽마다 소금에 절여지는 것들이 사람을 키워냈다. 소금 덕분인지 부패하지 않은 육신들만 절인 김치를 삼키며 백 년을 살아냈다. 사람이 바뀌고 둥지 주인도 바뀌어 가는데 느티나무는 이 모든 것을 지켜보고 있다.

10월 마지막 노을 그리고 비 소식이다. 가을은 좋은 추억과 사랑한 기억과 아프게 견뎌낸 상처들도 새삼 되새기며 죽음을 준비한다. 예정된 죽음의 종착역은 가을이 마땅하다. 겨울은 또 다른 생명들의 몫이다. 무시무시한 봄과 결전의 5월! 그리고 삶과 죽음을 넘나드는 여름을 날 수 있었던 건 가을 덕분이다. 느티나무는 본 대로 느낀 대로 말한다. 네 말이 맞다. 백 년을 지켜보니 모두 흘러가고 있었다. 가을비가 쏟아지면 낙엽이 일제히 사색을 멈추고 쏟아져 내릴 것이다. 흐르는 물소리에 추녀에 낙숫물 떨어지는 소리에 가을은 뒤돌아보지 않고 멀리 떠날 것이다. 가을의 뒷모습을 보면 느티나무는 기억할 것이다. 살아있는 자와 죽은 자들의 모든 눈빛을…. 존재, 존재의 의미, 의미의 의지가 삶을 증명했음을. 유대인 학살의 주범으로 지목된 아이히만은 누구보다 자상한 아버지이자 따뜻한 이웃, 평범한 남편, 선량한 동료였다. 단지 직장에서 맡은 일을 더 잘해내 그럴듯한 아버지, 남편, 친구이길 바랐을 뿐이다. 그래서 자신이 하는 일의 의미에는 관심이 없었다. 그저 성실히 버티고 싶었을 뿐이다. 그 빌어먹을 성실성이 수백만 명을 학살했고 씻을 수 없는 피눈물을 자아냈다. 맡은 직분에서 존재의 의미, 의미의 의지를 반추해야 할 이유다. 의미를 망각한 채 자가당착의 기본에 충실한 자들이 우두머리 자리를 차지하는 것의 위험성을 보여준다. 가을은 비단 수확과 풍요만의 계절인가? 노랗고 울긋불긋한 가을 잎 뒷면에는 비워낼 준비가 된 손바닥이 보인다. 가을은 내려놓는 계절이다. 가을의 태도는 열정과 흐름 뒤의 비움이 마땅하다. 그렇지 않다면 저들이 저렇게 찬란하고 처연할 리 없다. 흐르는 것이 사람뿐이랴. 가을로 살아가는 저 이름없는 빛들을 본다. 흐르면 저렇게 아름다운 최후가 선물로 주어진다. 멈추지 않고 흐른다면. 느티나무는 백 년을 오가는 사람들을 향해 노릿노릿해지는 잎을 흩뿌린다.

팽이의 온도 43℃

# 가을, 설렘이 멈추지 않는다

올해는 여느 해보다 미(美)각이 나오지 않는다. 꽃보다 진했던 색감도, 가슴을 훅 파고드는 정취도, 은은한 사과 향도, 바람을 타고 오는 풀벌레 소리도 들리지 않는다. 이 정도 빛깔이면 들꽃 따위는 안중에도 없었다. 바야흐로 보폭을 조정해야 할 때가 온 것인가. 미각이 나오지 않는 가을 내가 미쳤다. 들꽃이 소금처럼 뿌려진 능선. 갈색 칡넝쿨, 서슬 퍼런 탱자나무, 거미의 숨소리, 백일홍, 봉선화, 해바라기, 대롱대롱 살찌는 단호박, 알토란들 때문에 내 미각이 죽었던 것이다. 그동안 나는 정박 중이었다. 가을을 떠나보내도 좀처럼 가을은 떠내려가지 못하고 나는 늙어가고 있었다. 내가 가을임에랴. '조금만 더 기다려보면 미각이 살아날 거야.'라고 기대한다면 그는 죽은 자다. 올해는 가망이 없다. 어쩌면 애당초 가망이 없었는지 모른다. 나는 가을일 뿐 꽃이 아니다. 주위를 둘러보니 꽃은 이미 바닥에 뒹굴거나 두엄이 되어가고 씨주머니만 벙글어 허리띠를 풀고 있다. 아슬아슬하다. 낭심을 지탱하던 풍뎅이가 날아오르면 우수수 쏟아질 기세다. 산책로의 낙엽만큼 널브러진 동료들에 대한 화풀이일 것이다. 풍뎅이의 으깨진 몸이 낙엽을 장식하고 있다. 문득 미각이 번쩍 지나간다. 미치지 않으면 사랑이 아니다. 수맥의 독기, 우물의 냉기, 텅 빈 손, 마르지 않는 샘, 에고의 몰살, 영혼의 골수, 새의 부리에 찍힌 시간… 그리고 굳은 티눈처럼 빠지지 않는 그리움, '나' 가을의 그리움. 설렘이 멈추지 않는다. 내가 미처 사랑하지 못한 나를 사랑해주신 당신께 감사합니다. 가을, 설렘이 멈추지 않는 가을에.

팽이의 온도 44℃

# 가을, 출사표!

무덥고 뜨겁고 축축했던 여름이 간다. 욕망의 진원지를 알 수 없던 태풍의 욕망은 들판 수숫대와 과수원 사과나무를 뿌리째 흔들고 지나갔다. 언제나 그렇듯 끝을 보지는 못했다. 근원을 알 수 없는 욕망의 행패는 늘 그렇게 허세가 들어 있다. 해와 낮달, 들꽃과 바람은 태연히 가을로 걸어간다. 아니다. 세월이다. 아니다. 걷는 건 나다. 나는 가을이다. 나는 물들어간다. 만만찮은 여름이었다. 적잖은 사람들이 보이지 않는 Virus와 불과 같은 여름 열기에 쓰러져갔다. 강변에는 시간을 주체하지 못하고 익사한 시신들이 머뭇거리며 흔들렸다. 주말 나들이가 금지된 노숙인들은 다시 거리로 탈출했다. 그토록 벗어나고 싶었던 곳으로의 탈출이라니. 그들의 위험한 비상이 걱정이다. 연민과 무기력, 자포자기와 방기. 무엇보다 가을 앞에 다다른 그들의 눈빛이 걱정이다. 살아남을 수 있다면 뭍에 정박해 숨을 고를 수 있을 텐데…. 가을 앞에서 휘청이는 다리로 도도하고 잔인한 시간의 서슬을 어떻게 감당할까? 희망을 거론하지 않기를 잘했다. 뭍에 도착하면 금세 허기가 지고 날이 저물어 어둠 속을 걷다보면 어떻게든 살 방도를 찾아낼 것이다. 죽음보다 훨씬 질긴 것이 생명이다. 몸이 기억하는 술, 담배, 연민, 그리고 가을. 그들의 가을빛은 어떤 색일까? 빨강, 노랑, 파랑, 갈색 등은 보이지 않을 것이다. 아니, 보고 싶지 않겠지. 그들은 기억할까? 인생의 종착역이 가을이라는 사실을…. 점도가 높은 욕망의 딱지가 겨울과의 전면전을 준비 중이다. 종이박스를 준비하는 손길이 분주하다. 평생 가장 잘한 선택의 순간을 그들은 살고 있다.

'가을과의 전면전!'

가을에 던지는 출사표는 적잖은 희생을 감수해야 할 것이다. 인생의 종착역에서 던지는 출사표라니! 가을 하늘, 햇빛 열기, 낙엽 색채, 갈색 손바닥의 유희. 그들은 전의를 상실하는 것이 두려워 '쉬쉬'하고 있는지도 모른다. 더 이상 물러설 곳이 없다는 사실도, 헛된 희망이라는 사실도 알고 있을 것이다. 가을이 거리로 진군한다. 낙엽 위에 하나둘 시신이 쌓이고 그 위에 낙엽이 천천히 덮을 것이다. 그 겹겹으로 대지는 풍요롭게 양분을 채울 것이다. 파르르한 무청과 배추가 그 증거다. 태풍이 지나갔지만 전복되지 않았다. 자신이 가을인 자들은 선불리 뭍에 정박하거나 자신의 시간에 구멍을 내거나 욕망의 태풍에 휩쓸려 힘겹다. 엄살을 떨지 않을 것이다. 여전히 종착역은 보이지 않고 가을은 깊어가는데……. 태풍이 휩쓸고 간 산과 들, 바다는 고요하다. 노 젓는 소리만 '철벅철벅' 물살을 가른다. 시간이 뒤로 밀려간다. 아니다. 밀려가는 건 시간이 아니라 못다 한 말들뿐이다. 전진하는 것은 '나' 가을일 뿐이다. 풍경이 지나간다. 아니, 모두 제자리에 서 있고 내가 가고 있다. 가을이 천천히 물든다. 나는 씨앗이 되어가는 꽃대궁을 쥐고 최후의 일전이 벌어질 전장을 굽어본다. 핏빛 노을. 유혈이 낭자한 욕망이 진군 나팔소리를 듣는다. 여름을 정면으로 관통한 자들이 대열을 정비해 서편 하늘로 서서히 전진한다.

팽이의 온도 45℃

# 들꽃 추적

수목이 가을 쪽으로 고개를 돌린다. 성미가 급한 잎들은 붉게 물들어 푸른 잎들을 내려다본다. 풀벌레 소리보다 더 굵게, 매미 소리보다 가늘게 이름을 알 수 없는, 날개 부딪히는 소리가 붉은 잎과 푸른 잎 사이를 채운다. 바람은 이미 가을 쪽으로 훌쩍 기울었다. 열기가 훌쩍 가셔 여차하면 푸른 핏기가 싹 가시도록 냉기를 뿜을 기세다. 돌로 쌓은 성벽 위의 구절초, 삼지구엽초는 돌 위에 묻은 인육을 빨아들이며 잘 자란다. 꽃은 눈부시고 줄기는 힘차다. 전쟁을 치른 인간의 몸은 영양이 풍부하다. 또 전쟁을 치를 사람들은 가을 성벽 앞을 걷고 있다. 소나무는 다 지켜봤다. 수백 년, 수천 년 동안 지켜봤다. 그러나 지금 저 빛과 설렘은 남다르다. 사람이 죽음을 넘보는 기미다. 숱한 삶과 죽음을 지켜봤지만 저런 산보는 처음이다. 백 년 묵은 적송이 움찔하며 진저리 친다. 형은 고개를 들어 떡 벌어진 적송의 가랑이를 돌아다본다. 적송이 자신을 뚫어지게 쳐다보는 눈빛이 예사롭지 않다. 엊그제 시커멓게 말라 비틀어진 적송이 착각한 것이다. 형이 바라보는 것은 적송의 서슬도 가랑이도 솔잎도 아니다. 형이 바라보는 것은 점 하나 없는 하늘이다. 바람이다. 뭉게구름이다. 날개 부딪히는 풀벌레 소리다. 형은 숲을 거닐며 죽어간 사람들의 움푹 파인 눈 자리에 가득한 썩어가는 나뭇잎과 조용히 산화되어간 육신 위로 뭉글뭉글 피어올라 아지랑이가 된 혼령들을 본다. 혼령들의 몸이 전쟁을 기억한다. 셀 수 없는 죽음을 생산해내는 전쟁 위에 또 생명들이 조금씩 흐른다. 형은 지금 지상에 돌아온 이유와 그 이전의 만남과 탄생을 생각하지 않는다. 지금 형은 임무를 생각한다. 죽음의 임무. 그것은 탄생의 임무보다 훨씬 상위다. 형이 주목하는 것은 꽃이다. 제대로 죽음을 증명하는 것은 저 구절초, 삼지구엽초, 취, 더덕, 두릅, 참나무, 왕벚나무, 골담초, 언덕, 바람이다. 저들은 한결같이 꽃처럼 자신을 다스린다. 인육을 먹고 인육을 키우는 뿌리를 키우는 것들은 조용히 능선을 수놓는다. 형은 한 가지를 생각한다. 지상에서의 임무, 음악회 완수를 생각한다. 음악회. 5월의 음악회에 모여들 사람들을 생각한다. 꽃처럼 노래할 전사들의 음악회. 음악회가 끝나면 능선에는 들꽃 씨앗들이 뿌려질 것이다. 능선에 만발한 들꽃, 구절초, 삼지구엽초, 골담초, 더덕꽃의 행렬. 간절히 죽어간 영혼들이 남기고 간 인육은 들꽃을 키워낼 것이다. 들꽃의 향연은 영혼을 축복할 것이다. 새로운 땅은 이곳 바람의 광장과 유리 도서관에서 건축될 것이다. 천상 제국은 이곳에서 그 실루엣을 볼 것이다. 음악회를 주제할 꽃과 같은 아이와 초대받을 사람들과 지상에서의 임무를 명상한다. 형이 사는 곳은 언제나 마음 너머 협곡 꼭대기에 나뭇가지를 하나하나 물어와 지은 둥지다. 물이 스며도 썩지 않는 편백나무 가지로 만든 둥지를 마음 너머에 옮겨뒀다.

팽이의 온도 46℃

# 들꽃처럼 살기를

꽃처럼 살기를…. 라포엠, 유채훈은 꽃처럼 노래 부른다. '이중계약, 사기, 기만'을 빨리 잊어야 할 사람이다. 진심이 보이지 않더라도 진심어린 사람은 무슨 일이든 꽃을 다루듯 한다. 꽃을 다루듯 차를 타고 꽃을 보듯 아이를 돌보고 꽃을 다루듯 사람을 대하고 꽃을 다루듯 자동차를 정비하고 꽃을 다루듯 밥을 짓고 꽃처럼 노래하고 꽃처럼 웃고 꽃처럼 울고 여름마다 들꽃처럼 견디고 여름이 가면 가을처럼 물든다. 그렇게 꽃처럼 살다가 가을처럼 물든 사람들이 신선대에 올랐다. 설악의 머리부터 시작된 단풍은 양쪽 볼을 지나 목덜미를 타고 흘러간다. 설악의 물줄기는 겨울이 와도 얼지 않고 흐를 것이다. 아니, 얼어붙어도 속에서 흐름을 멈추지 않을 것이다. 단풍은 설악의 가슴께에 오면 온통 울긋불긋할 것이다. 흑백 시절을 모두 갈아엎어 불질러 타오를 것이다. 울산바위를 오를 때 보이지 않던 바위의 마음이 금강산 화암사 신선대에 건너오니 보인다. 하늘 한 자락을 이고 안개구름이 온통 희롱해도 침묵하던 울산바위가 말한다. 그저 꽃처럼 살아가면 그뿐 말해 뭐하냐고. 나조차 보이지 않는 과거를 들춰 무엇하냐고. 꽃처럼 살아온 사람들은 지금 울먹울먹 물든 산자락을 뒤로하고 곰배령으로 향한다. 천상의 화원, 이곳에는 하늘에서 내려온 들꽃이 별처럼 잠들어 있다. 별은 지금 빛을 멈추고 잠들어 있다. 내려놓을 때를 몸으로 알아냈기 때문일 것이다. 갈색 능선의 꽃잔치는 끝나고 이제는 한 움큼씩 추억만 움켜쥐고 있다. 대청봉을 돌아 한계령을 넘어온 바람은 곰배령의 추억을 안고 계곡으로 내달릴 것이다. 몇은 계곡물에 떠내려가고 몇은 계곡 다래 넝쿨에 걸리고 또 몇은 동네를 지나 길을 건너다가 이름없는 화원에 안착해 겨울을 날 것이다. 5월이 오면 흩어진 씨앗들이 별처럼 곰배령에 모여들 것이다. 그러나 그 들꽃의 포자들은 이 가을의 씨앗이 아닐지도 모른다. 어느 먼 나라에서 조용히 죽어간 슬픈 꽃말의 씨앗일 것이다.

Starai con me!

꽃, 꽃, 꽃, 꽃……. 들꽃은 산이 온통 활활 타오르기 전에 조용히 핀다. 저마다 속내를 감추고 핀다. 사연이 곰배령을 넘으면 첫눈이 내릴 것이다. 첫눈이 오면 슬픔도 서러움도 곰배령에 묻을 것이다. 그리고 들꽃은 조용히 추억과 함께 잠들 것이다. 꽃처럼 살았던 날들만 소리없는 포자가 되어 하늘 높이 날아오를 것이다. 천상의 화원이 있는 그 제국의 화원으로 끝없이 날아오르는 꿈을 꿀 것이다. 당신이 나와 함께 한다면 이 땅에 환상이 부드럽게 피어날지니….

팽이의 온도 47℃

# 늘 닦아 비출게요

추락하다가 들었다. '제법인데? 당신은 날 수 있었군요.' 오랫동안 잊고 있던 목소리였다. 30여 년을 건너온 음성. 그는 죽었던가 살았던가? 기억이 가물가물하다. 나는 당신의 나이를 지나가는데 당신은 여전히 껌딱지처럼 심장 근처에 서성거리고 있다. 차갑고 그리운 목소리였다. 사랑은 사라지지 않는다. 영화 〈미 비포 유〉의 루이자는 말할 때 속내가 보이는 여자다. 그녀는 기쁘면 말이 많아지는 특징이 있다. 맑고 청명한 눈빛과 따뜻한 표정, 그녀의 눈썹이 삿갓(^) 모양으로 변하는 순간 느낄 수 있었다. '당신이 이 편지를 읽을 때쯤이면 이미 몇 주가 흘렀겠죠. 커피는 맛있고 진하고 크루아상은 신선하고 도로 위에서 절대로 평형을 잡지 못하는 그 노천 금속 의자에 앉을 만큼 날씨도 여전히 맑기를 바랍니다…. 이게 끝입니다. 당신은 내 심장 깊이 새겨져 있어요. 처음 걸어들어온 그날부터 그랬어요. 그 웃기는 옷들과 거지 같은 농담들과 감정이라곤 하나도 숨길 줄 모르는 한심한 무능력까지. 이 돈이 당신 인생을 아무리 바꿔놓더라도 내 인생은 당신으로 인해 훨씬 더 많이 바뀌었음을 잊지 마세요. 내 생각은 너무 자주 하지 마세요. 당신이 감상에 빠져 질질 짜는 건 생각하기 싫어요. 그냥 잘 살아요. 그냥 살아요. 줄무늬 스타킹을 신고 거리로 나가세요. 여전히 아슬아슬한 당신의 여린 마음도 이즈음에는 묵직한 낭만 쪽으로 흐르고 저녁 노을은 또 얼마나 당신을 설레게 할까요?'

시공을 초월해 만남을 이어가고 싶은 사람들이 있다. 심장에 얹힌 사랑은 매 순간 나를 볼 수 있게 한다. '당신의 대책없는 공감과 유머 때문에 늘 울어버릴 타이밍을 놓치고 달이 차는 초가을 밤하늘을 보면 슬픔은 차라리 궁상이 되어 머쓱해집니다. 사랑이나 우정 앞에서도 이문을 손으로 셈하다가 잇속을 들킬 것 같으면 겉과 속이 너무나 달라 깜짝 놀라게 하는 사람이 지천인 세상에서 설렘이라뇨? 그윽한 눈이 뿜어내는 전율이라뇨? 가슴 떨림이라뇨? 그 온기의 범주에 갇혀 오늘도 하루를 살았습니다. '사랑은 죽는 법이 없다'라는 말이 실감납니다. 깊고 푸르고 따뜻한 심장의 온기가 여전히 당신을 느끼게 합니다. 당신이 죽지 않았을 거라는 생각이 듭니다. 당신이 죽지 않을 거라는 생각도 듭니다. 적어도 지금은 그렇게 생각합니다. 당신이 있어 나는 괜찮습니다. 당신이 이 편지를 읽는다면 유리 도서관 앞 골담초 나무 정원에 앉아 있을 겁니다. 가죽 장정 책이 온종일 움틀대던 통유리 서가가 내려다보이고 연두색 녹차라떼를 주문해두면 당신의 의자는 능선을 천천히 선회하기 시작할 겁니다. 음악회 준비로 바쁜 '말괄량이 파티' 댕기머리가 여우 꼬리를 닮았겠죠. 너무 놀라지는 마세요. 내가 약속했잖아요. 늘 함께 한다고. 돈이나 명성이 당신을 바꿔놓지는 못하겠지만 적어도 당신은 자격이 있어요. 그러니 그냥 지금처럼 당신 뜻대로 살아가세요. 두 가지만 기억해줘요. 건강과 숙면. 당신이 잠 못 들고 충혈된 꼴이랑 창백한 몰골과 움푹 팬 쇄골은 꼴보기 싫으니까요. 이곳은 구름 위 협곡입니다. 둥지는 평온합니다. 온종일 지상을 선회하고 이제 막 귀가하는 중입니다. 무릎에서 피가 나고 온몸에 한기가 몰려오고 뼛속에 얼음 조각이 박혀도 나는 괜찮습니다. 괜찮았고 괜찮을 겁니다. 내일도 다음 주도 다음 달도 나의 선회는 괜찮을 겁니다. 쉬지 않을 겁니다. 멈추지도 않을 겁니다. 심장에서 느껴지는 가슴 떨림, 설렘, 전율…. 이 사랑이 녹슬지 않도록 늘 닦아 비출게요.' 팽이의 음성에는 잊을 수 없는 촉수가 있다.

팽이의 온도 48℃

# 정든 그녀!

몇 날 며칠 장맛비가 쏟아진다.

그녀의 방 근처를 지나가면 언제나 촛농 위에 떨어지는 물방울처럼 웃음소리가 굴러다녔다. 마음이 지푸라기처럼 척박한 아이들에게는 담배 한 개비와 같은 용돈을 줬고 아픈 마음들을 향한 걱정은 깊은 수심이 되어 창문으로 정문으로 녀석들 집으로 돌아다녔다. 그 걱정과 수심은 들꽃이 될 것이다. 어쩌면 낮달이 되고 별이 되고 황토물 가득한 못의 수련이 될 것이다. 그 수심은 세상 어디선가 조용히 피어날 것이다. 아무도 쉽게 알아채지 못할 눈물이 되어 황토에 쓸려갈 것이다. 어느 날 문득 훌쩍 생각이 자란 아이들은 '나 따위를 이만큼 알아주는 사람이 있는데 조금만 더 참아야지.'라고 견뎌볼 것이다. 걸리기만 하면 부숴버리고 싶은 13살, 14살, 15살 아이들. 휴대폰과 인공 햇살에 웃자라 뻴쭘해진 녀석들은 어느 날 문득 비 오는 네거리나 해 저무는 서쪽 하늘을 바라보며 처참했던 학창 시절을 떠올릴 것이다. 연이어 자신을 호명했던 그녀의 목소리를 어렴풋이 기억할 것이다. 울컥 안아주셨던 창○, ○묵 같은 아이들도 언젠가는…. 가스관을 타 올라가고 아침 11시 반까지 게임하느라 겨우 수업일수를 채웠던 시간들이 담배 연기에 묻어 흩어질 것이다. 40년 동안 숙성된 걱정은 별꽃이 되어 세상 속으로 스며들 것이다. 그녀가 호명한 아이들 속에는 나처럼 나이가 들어도 철들지 않은 어른아이도 포함되어 있었다. 그녀는 종종 뜬금없고 비뚤어져도 다독여줬다. 변변찮은 나를 언제나 참고 기다려줬다. 삶이 지독하게 팍팍하다고 생각될 때는 여지없이 에누리 치킨집에서 레드락을 따라주며 '고마 대충 살아라.'라고 어깨를 쳐줬다. 고맙고 감사하다. 그녀는 2018년 1월 1일부터 2020년 8월 12일까지 하탑교육 가족들 각자의 역량이 마음껏 발산되도록 보듬고 격려해줬다. 이 험난한 세상에서…. 그녀는 무엇보다 21세기 힐링터 '에누리 치킨의 추억', '흑산도 추억'을 선물해줬다. '낭만적인 것', '올해 들어 엄청나게 고상해지고 섹시해진 것', 여전히 건강해 질투와 부러움을 서캐처럼 일어나게 한 것은 그녀가 준 선물이다. 이제 떠나면 그녀는 우리가 엄청 그리울 것이다. 그때마다 골프공 하나씩 스윙해 날려보내고 공이 다 떨어지면 손톱을 뜯고 그래도 그리움이 남으면 에누리 치킨에서 번개를 칠 것이다. 이것은 바람이자 내 긍지다. 그러면 우리는 소풍가듯 에누리에 들러 추억을 마시고 뜯으며 그녀처럼 인생 후반기로 진입할 것이다. '혜숙 씨, 고맙고 감사합니다. 사랑합니다. 지금처럼 생생하게 살아내기만 해주세요.'

팽이의 온도 49℃

# 10월, 아픈 것이 사랑이다

누군가를 사랑한다는 것은 내 것을 무너뜨려 그를 일으켜 세우는 것이다. 아파도 그를 생각하며 내 일부가 무너지는 아픔을 견디는 것이다. 내 아픔의 크기만큼 그가 아프지 않으리라는 보장도 없다. 어쩌면 그는 내가 얼마나 아픈지조차 모를 것이다. 하물며 내가 누구인지 관심조차 없을지도 모른다. 그러나 그를 사랑하기로 했다면 그 사람 때문에 아파도 그가 눈치채지 못하게 조용히 우는 것이 마땅하다. 사람을 사랑하는 것은 법석을 떨지 않고 조용히 견뎌주는 것이다. 그래서 사랑은 해장국이다. 살, 피, 내장, 간, 뼈가 욱신거려도 그의 속을 풀어주는 해장국이 되는 것이다. 아픔은 어느 것 하나 녹녹한 것이 없다. 칠순의 어머니는 어깨와 엉치뼈가 가라앉는데도 왜 매일 배추밭을 오가며 벌레 먹은 청무 잎을 쓰다듬을까? 곱은 손에 고구마 상자를 들고 왜 먼 길을 옮겨 나를까? 모두 새끼들 입에 들어갈 것들이기 때문이다.

가을 햇살이 따갑다. 설익은 열매들은 선택해야겠지. 이를 악다물고 살아남을 것인지 저 햇살에 녹아 한 줌의 속 빈 호두가 될 것인지. 위대한 저 산짐승들이 '따각' 이빨만 부딪혀 허탈하게 했다면 군침만 한 움큼 가랑잎에 흘리게 했다면 틀림없이 그 열매 나무는 마음이 허전할 것이다. 사랑이 부족한 자일 것이다. 평생 잎만 날리다가 내 몸 하나 건사하기에도 숨이 차오른 자일 것이다. 가을이 욱신 다가온다. 평생 단 한 번뿐인 가을. 누군가는 죽지만 누군가는 절대로 죽지 않는다. 특히 가을은 영원히 죽지 않는 연대가 형성되는 계절이다. 누군가를 돕는다고 해놓고 그의 실망스러운 모습에 서운한 마음이 들었다.

내 것을 보존하고 누군가를 돕는다는 것은 산짐승들을 성가시게 하는 능선의 봉분과 같다. 풀잎이 눕거나 낙엽이 떨어지기 전에 바람은 드러나지 않는다. 그 끝선에 누군가가 버티고 서있다면 그는 누군가를 위해 자신을 무너뜨린 자일 것이다. 너무 아픈 것이 사랑이다.

팽이의 온도 50℃

# 뜨락에 가을이 찾아왔다

갈색 바람이 분다. 하늘은 눈부시고 산천은 울먹울먹한다. 밤나무는 밤송이 가시에 발목이 절단났다. 그 언저리에 내게 묻지도 않고 나를 세상에 던진 부모님과 49살에 세상을 졸업한 형이 누워 있다. 사랑하기 참 좋았던 아홉 수. 어머니도 형도 동갑내기처럼 49살에 세상을 등졌다. 이제 그리움도 눈물도 갈색 바람에 묻혀 천천히 흘러간다. 나쁠 게 없었던 일생이었다. 하물며 나는 그들을 훌쩍 뛰어넘어 이렇게 살아 있다. 나는 그것이 기껍다. '얘들아! 할머니, 할아버지, 삼촌 보러 가자.'

라고 했더니 바쁘단다. '알았다. 그럼 밤이나 주우러 가자.'라고 했더니 기다렸단다. 살아있는 자들은 새끼나 어미나 즐겁게 살고 싶다. 그렇다고 그들을 책망할 수는 없다. 밤나무 군락지 옆에 그들이 누워 있다는 것을 아이들은 매년 잊는다. 결국 그 장소에 도착해 즐겁게 밤도 줍고 얼떨결에 절도 하고 기도도 한다. 살아있다는 건 왠지 모르게 신나는 일이다. 바야흐로 뜨락에 가을이 당도했다. 사람을 만나거나 술을 마시거나 밤을 지새우기에 안성맞춤이다. 우정어린 친구들이여! 가던 길 멈추고 여기 천 년 된 은행나무, 낙엽, 단풍, 동동주와 하마터면 무심코 지나칠 뻔한 얼굴들이 있다. 모월 모시에 이곳 가을 뜨락으로 오라.

팽이의 온도 51℃

# 처서를 지나

처서가 지났다. 들판은 처연하다. 핏기가 사라진 대궁 위로 열매가 튼실하다. 늙은 아비 목마를 탄 철없는 늦둥이처럼 족제비는 여전히 볏단 사이를 종잡을 수 없이 오간다. 평생 괴롭힌 괴팍한 성미를 버릴 수 없다. 가을은 선택의 계절이다. 채울 것, 비울 것, 버릴 것, 줄 것. 누구나 사시사철 생의 바다를 표류한다. 누가 더 잘 표류했는지는 각자의 몫이다. 최전선에 있는 자는 결국 영혼의 언저리에서 숱한 고독과 허기를 감당할 용기 있는 자들의 몫이겠지. 겨울 목전에 반드시 그런 자들이 기다릴 것이다. 그러니 아직 오지 않은 자들이여! 괜찮다. 버티고 버티며 가을을 맞이하자.

지난 5월 노진은 평전 아래를 내려다보고 있었다. 이렇게 처절한 철쭉을 보며 친구와 옻술을 마시기까지 40년이 필요하다는 데 생각이 미쳤다. 한 번쯤 모두 내려놓고 해치웠으면 좋았을 일들이 떠오른다. 아직 기회는 있다. 지금부터 표류는 지난 10년보다 나을지 모른다. 매미가 울던 언덕 가득 스산한 풀벌레 소리가 채워졌다. 벼랑을 일궈 텃밭을 가꾸던 노인은 저녁 늦게까지 '탁탁' 부스럭 소리를 내며 분주하다. 평생 무슨 일을 하면서 보냈길래 저렇게 분주할까? 어쩌면 칠순 즈음에 겨우 가출에 성공해 머물 곳을 찾은 건 아닐까? 그가 머물 것으로 여겨지는 소나무 뒤편을 가린 움막을 칡넝쿨이 온통 뒤덮고 있다. 서로 감싸줄 수 있다면 무슨 상관이겠는가? 그것이 칡이든 능소화든 왕바랭이든 질경이든 사람보다 더 진중하고 미더울 것이다. 그러므로 사람은 칡넝쿨과 능소화 아래다. 처서가 지났다. 가을에 비우지 못하면 겨울을 통과할 수 없다. 그건 봄에 닿지 않아도 알 수 있다. 다행히 그게 보인다. 다행히 생전에.

팽이의 온도 52℃

# 강모의 바다

50년을 달려와 고성 앞바다 여기서 부서지고 있다. 코흘리개 죽마고우 영대는 30년이 지나도 변함없고 영대에게 코를 꿴 경순은 웃는 모습이 여전히 이쁘다. 영민은 오늘따라 오버하는 혜정이 걱정이다. 파도 때문일 것이다. 30여 년을 살아왔지만 늘 유쾌하고 통쾌한 여자였다. 영민은 이제 혜정을 믿기로 했다. 경순은 영대라면 죽고 못 산다. 강모는 재들이 왜 저렇게 행복한지 이해가 안 간다. 강모는 영대, 경순이 자랑스럽고 쓸쓸하다. '내가 경순이랑 살았으면 어땠을까?'라는 생각이 들었기 때문이다. 강모는 오랜만에 쉰다. 태풍 때문이다. 강모는 설치는 마누라를 지그시 바라본다.

마누라는 파도를 닮았다. 수만 리를 지지고 볶으며 살아왔지만 단 한 번도 강모 앞에서 눈물을 보인 적이 없다. 쏠려오는 파도는 마누라의 통곡의 세월일 것이다. 모임 이름은 '돈 대 보이'다. 영돈, 영대, 영민(보이)은 물에서 만났다. 물에서 만나 언젠가는 수장될지도 모른다. 아무렴. 네 남자와 네 여자는 오늘 행복하다. 어쩌면 여주 여자, 민비녀 민자의 오지랖이 한몫했을 것이다. 남녘에서 들려오는 태풍 소식은 강모의 휴식이다. 강모는 음흉한 미소를 지으며 말했다. '아이 씨, 오늘도 출항은 틀렸네!' 태풍은 강모의 시름을 안다. 강모가 담배를 피워 물면 알아채고 말해준다. '강모야, 괜찮아. 어제도 오늘도 내일도 괜찮으니 푹 쉬어라.' 태풍이 오는 동안 비치진 하우스에는 가을비가 내리고 강모 친구들의 웃음소리가 방파제를 넘는다. 지금 강모의 바다는 고래고래 노래 부른다. '돈대 보이, 돈대 보이, 겟세마네 넘어라.'

팽이의 온도 53℃

# 민들레 홀씨 되어

달릴 때는 내가 없어진다. 그런데 그게 나 같다. 멈추면 보이던 남루가 달리면 보이지 않는다. 이제는 달려도 숨이 안 차다. 요즘 나는 내가 안 보인다. 논 한가운데 팽이를 놔두고 사람들이 떠난 이유가 바로 그것이다. 멈춰 서서 정지한 듯 보일 때, 한 치의 미동도 없을 때 팽이는 최고 속도로 회전하고 있었다. 그때는 아무것도 보이지 않았다. 아무것도 보이지 않을 만큼 회전할 때는 숨이 차오르는 줄도 몰랐다. 속도를 알 수 없었다. 모두 떠나자 나만 보였다. 집으로 시큰둥 돌아가는 내가 보였고 내가 태어난 산등성이 너머 편백나무숲이 보였다. 그 느낌을 되찾고 싶어 먼 길을 돌아왔다.

'달빛 부서지는 강둑에 홀로 앉아 있네. 소리없이 흐르는 저 강물을 바라보며. 으음, 가슴을 에며 밀려오는 그리움, 그리움. 우리는 들길에 홀로 핀 이름 모를 꽃을 보면서 외로운 맘을 나누며 손에 손을 잡고 걸었지. 산등성이 해질 녘은 너무나 아름다웠지. 그 님의 두 눈 속에는 눈물이 가득 고였지. 어느새 내 마음 민들레 홀씨 되어 강바람 타고 훨훨 네 곁으로 간다.' 〈민들레 홀씨 되어〉는 30년이 훌쩍 넘은 노래다. 나는 이 노래를 들을 때마다 고향 생각이 난다. 방죽, 구슬치기, 제비둑, 보리밭, 삐르기, 산등성이 무덤, 할미꽃, 송홧가루, 거머리가 빨아대던 아버지의 정강이, 엄마의 분홍 속치마, 늙은 개, 상수리나무에 삐죽삐죽 나오던 새순, 산 숲 고사리와 뜨락의 민들레. 추억이 흩어질까 봐 늙어가는 사람들을 만나러 가는 것은 자제한다. 4월 즈음 산과 들을 보며 이런 광경을 짐작하곤 한다. 그것이 계절을 사는 나만의 방식이다. 그 가운데 가슴 한가운데를 차지하는 꽃이 노란 민들레다. 민들레는 꽃잎 하나하나가 꽃송이다. 줄기는 없고 잎이 뿌리에서 나와 곧바로 옆으로 퍼진다. 뿌리는 꽃과 이런 말을 나누었을 것이다. '이 땅은 나랑 잎이 알아서 할 테니 너는 고개 들어 잘 봐둬. 세상이 어떤지. 우리가 땅에서 잘 버틸수록 우리 애들이 갈 곳도 더 잘 보이겠지.' '너도 줄기 좀 세우지. 그렇게 악착같이 버틸 필요 없잖아. 저 산등성이 봐. 모두 하늘하늘 허리를 얼마나 돌리고 있는데.' '우리는 허리를 포기하고 날개를 선택했어. 생각해봐. 아이들이 또 다른 정착지를 찾아 스스로 날아가는 모습. 그 가벼운 몸짓과 빛에 반사되는 흰 솜털 날개의 흔들림.' 그래서인지 민들레 꽃잎 하나하나를 자세히 들여다보면 작은 꽃송이를 볼 수 있다. 민들레는 줄기가 없다. 모두 줄기를 세우느라 혈안인데 민들레는 땅에서 뿌리와 잎으로 산다. 거만한 줄기 따위는 세상에 곧추세워봤자 바람을 성가시게 하고 씨톨의 날갯짓에 방해만 된다고 생각한 걸까? 민들레는 뿌리가 단단하고 쓰다. 할 말을 속에 담아두고 생명으로서 소임을 다하다 보니 허튼 웃음도 아낀다. 민들레는 그 옹골찬 뿌리를 인간의 염증 치료에 나눠준다. 열로 인한 종창, 유방염, 인후염, 맹장염, 복막염, 급성간염, 황달에 효과가 있고 열 때문에 소변을 못 보는 증세에도 효과적이다. 모두 줄기를 세우느라 과욕을 부린 인간의 몸에 생긴 염증들이다. 잎은 뿌리에서 도깨비 방망이처럼 뭉쳐나며 조용히 옆으로 퍼진다. 꽃대와 홀씨를 받쳐내기 위한 몰입과 집중이다.

국립중앙과학관의 우리나라 야생화에는 민들레에 대해 전해 내려오는 이야기가 있다. 아주 먼 옛날 비가 매우 많이 내리던 때가 있었다. 온 세상이 물에 잠기고 민들레도 꼼짝없이 물에 빠져 목숨을 잃을 처지가 되었다. 민들레는 너무 무섭고 걱정이 되어 그만 머리가 하얗게 셌다. 물이 턱밑까지 차오르자 마지막으로 하나님께 간절히 기도 드렸다. '하느님, 너무 무서워요. 목숨만 살려주세요.' 그때 어디선가 바람이 불어와 민들레 씨앗을 하늘 높이 날려 양지바른 언덕에 사뿐히 내려놨다. 이듬해 그 자리에는 민들레 새싹이 돋아나 새로 자랐다. 민들레는 하느님의 은혜에 깊이 감사하며 봄이 오면 밝은 얼굴로 하늘을 바라보며 웃는다.

한 번쯤 민들레 뿌리를 만나 술안주를 제안해야겠다. 뿌리의 표정이 자못 궁금하다. 어쩌면 혀를 끌끌 차며 '겨우 살려뒀더니 술타령이라니.'라며 웃어주지 않을까? 파종기에 민들레는 지천이다. 수챗구멍 근처, 트럭이 폭주하는 도로변, 질경이 군락지, 담장 바위틈, 냉이랑 고들빼기가 순을 내미는 장독대 등등 장소를 가리지 않는다. 뿌리가 단단하고 대궁을 세우지 않으니 장소 따위는 거칠 것도 없다. 그래서인지 민들레는 버릴 데가 하나 없다. 민들레뿐인가? 가만히 들여다보면 조용히 자기를 비우고 자기 자리를 지키느라 분투하는 것들은 어느 것 하나 버릴 것 없이 살아간다. 사람보다 못한 동 · 식물을 본 적이 없다. 그래서 나는 '사람들처럼' 사는 걸 포기하고 '사람답게' 살아보려고 한다. 그것이 동 · 식물을 따라잡는 유일한 방법이라고 생각하기 때문이다. 오늘 저녁은 칠순 노모가 무쳐준 민들레 나물무침에 밀주 한 잔을 마셔야겠다. 명분은 '사람답게 살기 위해서'다. 기둥을 세우지 않고도 단단히 살아가는 법, 민들레가 가르쳐준 비워내는 용기다.

팽이는 제비둑이 있는 마을을 떠났다. 아니, 마을이 팽이 안으로 들어왔다. 진달래가 피던 능선, 닥나무 울타리, 연둣빛 물드는 참나무, 감나무 잎, 쌀밥과 같은 싸리나무 꽃, 달래 군락지, 동생이 잠든 산등성이 밭 한 귀퉁이, 작은 봉분은 평지나 다름없어졌다. 팽이는 잠잘 때 현실이 생생히 살아난다. 능선을 넘는 비상과 편백나무숲 냄새, 산 아래 청보리밭을 지나가는 바람의 움직임까지 살아 움직인다. 움직임은 보리가 갈색으로 변하는 가을이 올 때까지 멈추지 않는다. 그래, 가을이 올 때까지. 가을이 찾아오면 오늘 흘린 땀들은 깊은 고랑이 될 것이다. 겨울은 추웠고 봄은 슬펐다. 가을의 앙금 때문일 것이다. 추위는 두렵고 절망스러웠으며 봄에는 남루한 나를 추스르느라 조용히 기다렸다. 겨우 나를 만나 용서할 용기를 냈다. 민들레 홀씨처럼 들판을 선회하다 보면 바람의 의중을 알아차리게 된다. 어느 곳을 지정하지 않으니 장소를 걱정하지 않는다. 팽이는 예의 그 산등성이를 더 이상 찾지 않기로 했다. 떠나기 전 제비둑과 방죽을 '휘' 선회하고 나서 조용히 그의 둥지 위에서 산 아래를 내려다본다. 노루 한 마리가 혼자 네거리에 한참 서있다. 문득 방향을 정하고 뒤뚱

거리며 뛴다. 날은 저물고 긴 하루는 시내 쪽으로 기울어 간다. 도시의 불빛은 시리다. 달빛에는 밤을 새워도 피곤한 줄 몰랐지만…. 흙파기 작업을 잠시 멈춘 중장비가 사자처럼 노루를 노려본다. 팽이는 문득 노루의 저녁이 궁금해진다. 모두 바쁘게 집으로 돌아가는데 밥은 먹었는지, 아직 비우지 못한 뭔가가 울컥 목에 걸린다. 팽이는 눈을 부릅뜨고 어깨에 힘을 준다. 시간은 깊어가고 길은 보이지 않는다. 미친 듯 달리던 걸음을 멈추고 다시 가을 앞에 서있는 나를 본다. 여기는 어디이고 나는 누구인가?

팽이의 온도 54℃

# 바람이 언제나 그대 등 뒤에서 불기를

햇살이 언제나 그대 얼굴을 따뜻하게 비추기를. 아침에 차를 몰고 잠수를 시작한다. 지역난방공사 다섯 개 연통에서 나오는 연기가 허공에 흩어지는 모습을 보며…. '호읍' 호흡을 들이마시고 숨을 참으며 신도시로 잠수한다. 발차기하듯 액셀러레이터를 밟고 인공도시 한가운데로 진입한다. 발차기, 오리배를 향해 온 가족이 호숫가에서 손을 흔들고 철부지 두 명이 말한다. '아빠, 빨리 좀 가. 너무 느려!'

갑자기 불어오는 맞바람. 바람이 면상에 불고 문득 떠오른 태풍 육상 소식! 매미였는지 곤파스였는지 제주도에 상륙했을 텐데 벌써 이 잔잔한 호수에는 역풍으로 다가온다. 식은땀, 햄스트링…. 허리, 손목, 또 식은땀. '야! 목장갑 좀 줘. 손바닥이 너무 아파.' 페달을 죽어라 밟아도 밀린다. 가파른 오르막에서 페달을 밟아본 사람만 알 것이다. 각설하고 6월의 초록, 그 서슬 퍼런 가공의 수목을 가로질러 도미노 피자를 지나 투뿔 고깃집. 우후죽순 신축 건물들 위로 태연히 날갯짓하는 비둘기…. 비둘기 떼가 망캄 빵집 앞에서 사람들이 흘린 빵조각을 쪼아대는 곳에 다다르면 비로소 참았던 숨을 자근자근 뱉어낸다. 이제 어디서 두 번째 숨을 쉴지 몰라 겨우 한 줌 숨을 남긴 채 주차한다. '투뿔'이라는 고깃집 상호가 화려한 필체로 뻗은 건물 아래로 엊그제 거세당한 고양이가 천천히 지나간다. 얼룩 고양이는 장미잎이 떨어진 담장 밑을 지나가며 이쪽을 노려본다. 저 눈빛…. 저 생명체의 생각을 가만히 훔쳐본다. 바람이 언제나 등 뒤에서 불기를. 햇살이 언제나 그대 얼굴을 따뜻하게 비추기를….

팽이의 온도 55℃

# 비워낼 용기

나는 팽이다. 나는 눈물을 뚝뚝 흘렸다. 그렇게 많은 눈물을 흘려본 적이 없다. 눈이 벌겋게 부어올랐다. 거울 속 모습이 아니었다. 분명히 거울 밖 탁자 앞에서였다. 탁자 위에 잔이 선명히 놓여 있다. 자신을 바라보는 나. '저 자는 누구이고 이렇게 바라보는 나는 누구인가?' 나는 거울 속 나를 위아래로 훑어봤다. 눈물이 토기잔 위에 떨어졌다. 잔을 들고 거울 앞으로 천천히 걸어갔다. 눈물이 가득한 잔을 거울에 힘껏 던졌다. 거울은 산산조각났다. 그 순간 오두막도 병풍도 탁자도 모두 사라졌다. 깨진 토기잔은 작은 조각이 되어 흙바닥에 뒹굴었다.

'흠, 어허 좋구먼. 잔이 흙으로 돌아가 사라졌군.' 어디서 나타났는지 노인이 맨발로 잔 조각을 즈려 밟으며 말했다. 노인의 발바닥에서 붉은 피가 흘렀다. 피는 갈색 흙과 점점 섞였다. 노인은 광채가 나는 눈빛으로 서있다. '잔이 흙으로 돌아가고 잔 속의 찌꺼기는 사라졌으니 으흠, 좋구먼, 좋아.' 나는 육신만 덩그러니 놓인 공터에서 노인을 바라봤다. '다녀오겠네! 여기 손님 보내주시게.' 노인은 처음 본 그 모습, 그 목청 그대로 말하고 산 쪽으로 서둘러 떠났다. 겨울을 지나 몇 번의 봄이 지나고 여름을 넘어 가을이었다. 숲에서는 '투둑투둑' 흙을 헤집는 생명의 소리가 여기저기서 들려왔다. 낮달이 떠있고 낮달 뒤편으로 햇빛이 어둠을 밀어내고 있었다. 나는 닭볏과 같은 목주름을 만지작거리며 산 아래를 굽어본다. 일생을 살아오면서 육체가 줬던 쾌락의 최고점을 훌쩍 뛰어넘는 뭔가가 몸에서 뭉텅 빠져나간다. 머리카락이 쭈뼛 섰다가 지푸라기와 같은 육신이 오두막이 섰던 자리에 우두커니 서있는 모습이 보인다. 육신은 그림자로 햇볕을 가리고 있었다. 나는 산 계곡으로 그림자를 두둥 띄워 보낸다. 노인의 미소가 해처럼 떠오른다. '으흠, 좋구먼…'